JN115871

〈子ども〉というコスモロジー

コスモロジー

ポストモダン日本における問題圏

吉田直哉

ふくろう出版

〈子ども〉というコスモロジー
ポストモダン日本における問題圏

目　次

〈子ども〉というコスモロジー

ポストモダン日本における問題圏

目　次

序　章
〈子どものコスモロジー〉という問題圏

　子どもは宇宙を有し、宇宙を生き、宇宙を捉えるという発想。1980年代以降の日本において、〈子どものコスモロジー〉をめぐる言説は、いかなる問題設定に基づいて展開されてきたのであろうか。本書においては、〈子どものコスモロジー〉として提示された、本田和子、村瀬学、浜田寿美男、津守真、鎌田東二、谷川俊太郎、堀尾輝久、矢野智司の8人による子ども論を取り上げる。本田は児童文化史、村瀬・津守は障害児教育、浜田は発達心理学、鎌田は宗教学、谷川は詩作、堀尾は教育法学、矢野は教育思想史というように、論者の顔ぶれを一見して明らかではあるが、8人は決して学問領域や問題関心を共有しているわけではない。しかしながら、彼らは明らかに、同一の問題圏を共有しているかにみえる。それを時代精神と呼ぶか否かはさておくとしても、である。彼らに共有されているかに見える言説の前提、必ずしも明示的に語られることのない問題構制は、端的に言えば、〈近代〉という透明な秩序・規範に対する懐疑から派生してきたものである。

　ここでは、序論的考察として、日本におけるコスモロジーをめぐる言説の基本的な問題設定を確認したうえで、それと、子ども論が接合してゆく経緯を確認しておきたい。一般に「コスモロジー cosmology」とは、宇宙＝世界（cosmos）の生成と構造、その変容に関する物語のことである。東洋思想史を研究してきた井筒俊彦の言うように、コスモロジーにおけるコスモスは、物質としての宇宙というより、人間にとっての「有意味的存在秩序」である（井筒2019：211）。つまり、コスモスは、それに生き、それに向かい合う「人間」の態度に基づくものである。井筒は、人間が織り出す「錯綜する意味連関の網」を、「自分の存在テクスト」と見なして、その内に「生存の場」を見いだすという。井筒は、コスモスを「無数の意味単位（いわゆるものとこと）が、一つ

の調和ある、完結した全体の中に配置され構造的に組み込まれることによって成立する存在秩序」だとする。

ドイツ文学者の小澤俊夫は、「自らの存在をとりまく世界をどのようなものとして感じ、そこから何が来ると感じていたか。そして、自らはそれに如何に対処して生きなければならないと考えていたか」についての思考を「コスモロジー」と呼んでいる（小澤 1994：24）。小澤におけるコスモロジーは、世界に対するイメージ的な把握の構造と、その内部における人間である自らの位置づけ、および、世界と自己との交渉の在り方を含み込む思想である。つまり、自己把握とコスモロジーはつねにカップリングし合うのである。同様に、フランスの精神科医ウジェーヌ・ミンコフスキーは、「自己にかかわる諸現象」が、「具体的な環境」へと向かうと同時に、「環境とともに自己をも包み込むような広大な弧の形をとって、高くはるか彼方にある宇宙の一般的な構成をわれわれに明らかにしている」という（ミンコフスキー 1983：106）。自己にかかわる心的現象は、具体性と同時に、「一般的で理念的な性質」を有するのであり、「自己を超えた生の一般的な構成」を開示するというのである。

児童文化史研究を継続してきた鵜野祐介は、「美しく配置された秩序」という原義を有したコスモスの語が、ピュタゴラスによって調和と均斉の美を内化した宇宙的秩序として転用されたことを指摘した上で、コスモロジーを、「万物がある秩序の下に美しく調和しており、それぞれがそれ自体、独立し完結した意味空間としての「小宇宙」であると同時に、より大きな「宇宙」を構成している」という発想に立つ、いわば二重化された「視角（パースペクティヴ）」であるとしている（鵜野 1998）。鵜野が依拠している哲学者の中村雄二郎は、コスモロジーを、時空間を「無性格で均質的な拡がりとしてではなくて、一つ一つが有機的な秩序をもち、意味をもった領界と見なす立場」だとしている（中村 1992：133）。近代科学の前提となった普遍主義的世界観とは異なり、「個々の場合や場所（トポス）」、「さまざまな具体的な場所や空間」のうちに見る視座である。このような中村におけるコスモロジーは、「人が、制度的な規定・定義を超えて、感覚をも動員して、何ごとかを理解するレヴェル」におい

て、「イメージが呼応し合う」ことによって生成する宇宙像を「象徴的宇宙」と呼んだ山口昌男の発想に近いであろう（山口 1975：201）。

　1980年代以降の日本において、コスモロジーは、個別性・具体性・一回性・臨場性の重視と、極大と極小の相同性を重視するマクロ・コスモス＝ミクロ・コスモスの照応という二つの要素を特質として有していたといえる。このコスモロジーの視座からの、子ども論の展開が同時進行的に見られるようになる。子どものコスモロジーが議論される背景には、〈子ども〉をいわば批判原理として、それと対立する〈大人〉の認識枠組み、あるいはパースペクティブを問い直そうという動機があった。〈子どものコスモロジー〉と、大人の認識枠組みを異質なものとして対立させた上で、〈子どものコスモロジー〉の特質を陰画として描き出そうとする論法が採られたのである。

　例えば、臨床心理学者の河合隼雄は、〈子どものコスモロジー〉が「内面世界」に関する心的姿勢であることに注目し、〈子どものコスモロジー〉を、単に外面世界に対する態度、あるいは認識枠組みに還元することを回避しようとする。河合は、〈子どものコスモロジー〉は、子どもの内面世界と外面世界の両面において問われるべき両面的な性質を有しているとし、両者の照応関係を描き出そうとする。「この宇宙のなかに子どもたちがいる。これは誰でも知っている。しかし、ひとりひとりの子どものなかに宇宙があることを、誰もが知っているだろうか。それは無限の広がりと深さをもって存在している」（河合 1987：1）。河合が指摘する子どもの内的世界としての宇宙は、大人の内的世界としての宇宙とは独立している。しかしながら、大人は、子どもの内的世界を「歪曲」したり「破壊」したりする欲望を有する。そのような侵入的介入に対して、子どもの宇宙は脆弱である。河合は動物、時間、老人、死、異性など子どもをめぐるテーマを複数取り上げながら、子どもの宇宙像が大人のそれと乖離している様を指摘することで、子どもの宇宙像の独自性と、その微細な表れの諸相を描き出そうとした。なお、河合が依拠するカール・ユングの分析心理学における「元型（アーキタイプ）」の概念は、〈子どものコスモロジー〉を描き出すための重要な参照先となってゆく（例えば、本書で扱う本田、鎌田、谷川は、子ど

もの特質を、ユングの元型を念頭に置きながら描き出している）。

　教育人類学を提唱した藤本浩之輔も、〈子どものコスモロジー〉を内面的世界と相即する世界把握であるとし、子どものコスモロジーを内面／外面の重層的世界観として、複眼的に捉えていく必要性を強調している。藤本は、コスモロジーを、「ミクロ・コスモス」という内面的世界と相関する世界把握、あるいは宇宙論として位置づける。そのうえで、大人の世界把握と、〈子どものコスモロジー〉の異質性を指摘している。大人と子どもは、物理的には同一の世界に生きていたとしても、その世界からの「意味の引き出し方」が相違するため、子ども独自の意味によって構成されるのは、「子ども独自の世界」だということができるとする。藤本は、「遊び」という活動を通して、子どもは「周囲の世界との関わり」、つまり対象物との関係の構築、それに伴う自己認識の構成と変容、これらによる世界の創造を実践しているとみた（藤本編 1996：35）。

　藤本のモチーフを継承した先述の鵜野によれば、〈子どものコスモロジー〉は、「子どもの内なるコスモス」論、つまり子ども自身による〈宇宙〉認識への問い（子どものコスモロジー A）、「コスモスの内なる子ども」論、〈宇宙〉の内における子どもの定位への問い（子どものコスモロジー B）という、互いに関連し合う二つの問いとして展開される（鵜野 1998：13f.）。つまり、〈コスモロジー〉として子どもを記述するといった場合、二つの含意がある。そして、この二つの含意は、しばしば緊密に連関する。

　〈子どものコスモロジー〉の含意の第一は、〈子どもが生きるコスモロジー〉という存在論的側面であり、鵜野のいう「子どものコスモロジー A」である。この場合、子どもが生きる世界を、子どもを含めて、どのようなレトリックにおいて描きとるかに焦点があてられる。それは、子どもを含めた世界像としての叙述になるであろう（この場合、世界を織りなす主体としての子どもも、世界の一部として記述される）。つまり、コスモロジーの記述者は、子どもが生きる宇宙からは相対的に距離を有した視座に立つことが要請される。このようなコスモロジーは、文化人類学的アプローチによるコスモロジーということが

できるかもしれない。ミクロ・コスモスとマクロ・コスモスの照応、あるいは両者のトポロジカルな対応というコスモロジーのモチーフを、身体論という次元において引き受け、身体としてのミクロ・コスモスを、宇宙というマクロ・コスモスのアナロジーとして捉える宇宙的身体論として子ども論を展開したのが、鎌田東二である。鎌田は、ジュリア・クリステヴァの精神分析的身体論に触発されながら、宇宙空間を揺曳する両義的な身体性を有した存在としての子どもの特質を、老人の身体性との類似に着目しつつ描き出そうと試みている。

　藤本の影響を受けた矢野智司は、「さまざまな出来事を理解し、解釈するための枠組み」、「世界にたいする、比較的安定した意味の網目」、特に「宇宙という人間の生きることの根源と結びついた、神秘的なものを言い表そうとする言葉」をコスモロジーと呼ぶが（矢野　1996：125f.）、文化人類学におけるコスモロジーが、共同体の中で、長期間継承されてきたもの（伝承宇宙）を指すのに対し、子どものコスモロジーにおいては、「それぞれの子どもたちが体験のなかから、独自につむぎだし、創作する」という創造性、新奇性という特色がある（創作宇宙）と指摘している。矢野によれば、子どもは、世界の未知性に「驚嘆」しつつ、それを意味の世界に絶え間なく編み込もうとするのである。

　元来、古代ギリシア語におけるコスモスは、カオスの対義語であった。しかし、井筒俊彦は、カオスはコスモス成立以前の無秩序であるのであって、コスモスに敵対する無秩序ではないとする（井筒　2019：212）。コスモスの成立により、カオスはコスモスの外部に追いやられる。外部におけるカオスは、コスモスへの「侵入」、そして「破壊」を企てる否定的エネルギーへと変貌する。この外部的エネルギーとしてのカオスを、井筒は「アンチコスモス」と呼ぶ。藤本が指摘した子どもによるコスモスの「創造」という局面はまさに、子どもが「アンチコスモス」としてのコスモロジーを編み出すことを示唆しているのであり、子どものコスモロジーは、その内に、反コスモロジーとしての特質を有するのである。遊びというトポスにおいて、遠近法的秩序を崩壊させ、自己イメージと世界イメージのラディカルな刷新が生起するとした矢野は、〈子どものコスモロジー〉の有する「アンチコスモス」的位相に着眼しているといえ

よう。

　子どもの有するアンチコスモス性に着目したのは、本田和子も同様である。本田によれば、中間者・境界者・媒介者としての子どもの振る舞い、あらわれは、無定形性・無方向性を特色とし、それは子どもの「侵犯性」の現れである。「侵犯性」というのは、安定的な秩序、およびそれを基盤とする文化体系に対するものである。子どもの「侵犯性」は、秩序の恣意性を暴露することによって、既存の秩序が普遍的なものであると見なす価値観を転覆させるポテンシャルを有している。子どもたちの「挑発性」は、流動的であること、変容的であることにおいて現れる。そして、流動性、変容性は共に、文化の体系性の対極をなす性質である。「断えず溢れ出し、形を変えて、文化の体系に組みこまれることを拒む」有様において、子どもたちは「挑発的」であるとされる。運動としての子どもの挑発性というモチーフは、河合隼雄を経由してユング心理学に触れた谷川俊太郎の詩に登場する子どもの元型的イメージとも関わり合うものである。

　子どものコスモロジーの含意の第二は、〈子どもにとってのコスモロジー〉という認識論的側面であり、鵜野のいう「子どものコスモロジーB」である。この場合のコスモロジーは、子どもの内面世界、子どもにとっての世界観、世界認識に対する接近として示される。子どもによって、世界はどのように生きられているかという、子どもを起点とした世界記述となるため、コスモロジーの記述者は〈子ども〉に自らの視座を仮託することになるであろう。

　子どもの、外的世界への関与に着目した論として、村瀬学の障害児におけるコスモロジーを挙げることができる。村瀬は、知的障害・発達障害をもった子どもが示す特異な行動様式を普遍的な人間存在の類型として捉え、大人の世界認識において、子どもの世界認識が消滅することなく伏在しているとする。アンリ・ワロンの発達論研究を基盤としている浜田寿美男の障害児論、そこから展開された反発達論も、子どもの世界認識を、他者関係の根源性というモチーフから、大人の世界認識をも包含する普遍的なパースペクティブへと展開させていくことを試みているという点で、村瀬と類似している。モーリス・メル

ロ＝ポンティの身体論的な現象学に依拠しながら、子どもの世界認識を、他者との関係性の中で生成する共同生活の中に埋め込もうとした津守真も、子どもと大人が同地平に立つ間主観的なコスモロジーを志向していた点において、村瀬や浜田と問題意識を共有していたといえる。

　以上のように、コスモロジーが提起してきた①既存の規範・価値体系を懐疑する志向、②普遍性・抽象性より特称性・物語性を重視する志向、③人間の生が、宇宙との交感の中で十全に実現するという志向は、〈子ども〉を、それらの志向の現れるトポスとして位置づけることで、イメジャリーを喚起しやすいテーマとして、言説空間における独特の地位を占めるようになったのである。

　コスモロジー、子ども論、そして両者の交流域としての〈子どものコスモロジー〉が思想空間において浮上してきたのは、1980年代以降のことである。1980年代以降におけるコスモロジー、子ども論の勃興は、既存のアカデミズムの体系に対する懐疑と、その変革運動であったということができる。〈子どものコスモロジー〉という問題圏は、1980年代に隆盛を迎えた「子ども学」という新規な研究領域において議論の対象として位置づけられた。「子ども学」勃興の一つのメルクマールとみることのできる、『新しい子ども学』全3巻（海鳴社）の刊行が開始されたのは1985年であった。同シリーズの編者は小児科医であった小林登、発達心理学者であった小嶋謙四郎、文化人類学者であった原ひろ子、教育史研究者であった宮澤康人という、研究領域を違えた4人である。編者たちのバックグラウンドの多様性からも明らかなように、既存の学問分野を越境しながら、〈子ども〉というテーマをめぐって、新規にアカデミックな交流域を生み出そうという思想運動の一環として、〈子どものコスモロジー〉は紡ぎ出されてきたのである。その背景には、少年非行・少年犯罪として報道され社会問題化した子どもにおける危機、進学競争の激化、学校化の過剰な進展として認識された子どもをめぐる危機、およびそれがもたらす「不透明化した子ども」という現象に対して、既存のディシプリンが対応し切れていないという焦燥感があった。消費文化の浸透による、従来の子どもへのパースペクティブの液状化、逸脱行動を示す子どもの動機を納得するためのレトリッ

クの無効化が、大人の側の危機意識を喚起したのである。そのような危機意識こそ、〈子どものコスモロジー〉が提起され、受容される原動力となった。

　戦後20年近くに及んだ高度経済成長を経て、1970年代中葉から中成長時代に突入した日本は、1980年代には成熟社会の展開期にあった。楽観的な進歩史観も、悲観的な転落史観も、共に極端すぎるものと見なされて説得力を失い、国民の大多数に共有されうるようなマクロ目標をテーゼとして提示することは不可能となった。そのことを、現代思想は〈大きな物語〉の喪失と呼びならわしてきたわけだが、まさに1980年代以降、世紀転換期までの日本では、〈大きな物語〉の断片化・諧謔化の後を承けて、それでもなお、あえて〈小さな物語〉を紡ぎ出そうとする、断続的な試みが行なわれてきた。例えば、堀尾輝久が、教育への権利の主体を、〈国民〉という近代的カテゴリーのみに依拠させるのではなく、〈子ども〉という新しい主体に託そうとした背景には、〈国家／国民〉というセグメント化された枠組みではなく、〈世界／子ども〉というグローバルなパースペクティブを、仮設的にではあっても新規に立ち上げる必要性を痛感したからであろう。

　〈近代〉は、〈大きな物語〉のひとつであった。本書が見てゆこうとしている〈子ども〉をめぐる言説も、〈近代〉という磁場の中で構築されてきたという社会史研究の成果を鑑みるとき、如上のマクロな社会変動の影響を大なり小なり受けてきた、新たな、そして小さな物語であったということができるだろう。その意味において、日本における〈子どものコスモロジー〉は、ポストモダン思想としての性格を濃厚に有している。

　〈子どものコスモロジー〉として展開されているのは、既存の規範的秩序に対する懐疑によって駆動される、新しい価値観の提案なのである。ただ、子どもに仮託される新しい価値観は、〈大きな物語〉としての資格を僭称することを、予め断念している。つまり、コスモロジーを開くトポスとしての〈子ども〉は、徹底してミクロなものでありながら、その縮尺をトポロジカルに転換させることによって、マクロな宇宙観へと反転させられていくのである。〈子ども〉が徹底してミクロであるがゆえに、コスモロジーへと反転していくとい

うパラドックスに、本書の対象とする 8 名は向き合おうとしている。本書を読了されたとき、読者は、相互に参照し合うことの乏しかった 8 名の間に、奇妙な連環が繋がれていることに気づかれるであろう。彼らが新しい価値観の創出を試みようとしたとき、なぜ、それを〈子ども〉に仮託しようとする誘惑に駆られたのか、という疑問は、本書の叙述の全体を貫くものであり、それを読者と共有したいと考えるのである。

〈子どものコスモロジー〉関連文献

浅岡靖央・加藤理編（1998）『子どもの育ちと文化』相川書房

アリエス（1980）『〈子供〉の誕生：アンシァン・レジーム期の子供と家族生活』杉山光信・杉山恵美子訳、みすず書房

井筒俊彦（2019）『コスモスとアンチコスモス：東洋哲学のために』岩波書店

岩田慶治編著（1985）『子ども文化の原像：文化人類学的視点から』日本放送出版協会

ウィックス（1983）『子ども時代の内的世界』秋山さと子・国分久子訳、海鳴社

鵜野祐介（1998）「「子どものコスモロジー」の理論」『子ども社会研究』4

鵜野祐介（2009）『伝承児童文学と子どものコスモロジー：「あわい」との出会いと別れ』昭和堂

小澤俊夫（1994）『昔話のコスモロジー：ひとと動物との婚姻譚』講談社

鎌田東二（1988）『子どもと老人の精神誌：翁童論』新曜社

亀山佳明（2001）『子どもと悪の人間学：子どもの再発見のために』以文社

加用文男（2016）『子どもの「お馬鹿行動」研究序説』かもがわ出版

河合隼雄（1987）『子どもの宇宙』岩波書店

栗原彬・本田和子・前田愛・山本哲士（1988）『学校化社会のストレンジャー＝子どもの王国』新曜社

小浜逸郎（1987）『方法としての子ども』大和書房

小林登・小嶋謙四郎・原ひろ子・宮澤康人編（1986）『子どもとは』（新しい子ども学 3）、海鳴社

斎藤次郎（1975）『子どもたちの現在：子ども文化の構造と論理』風媒社

杉岡津岐子編（1994）『子ども学：その宇宙を知るために』ナカニシヤ出版

仙田満（1984）『こどものあそび環境』筑摩書房

ダグラス（1983）『象徴としての身体：コスモロジーの探究』江河徹・塚本利明・木下卓訳、紀伊國屋書店

谷川俊太郎（1981）『自分のなかの子ども：谷川俊太郎対談集』青土社

津守真（1979）『子ども学のはじまり』フレーベル館

津守真（1987）『子どもの世界をどうみるか：行為とその意味』日本放送出版協会

寺本潔（1990）『子ども世界の原風景：こわい空間・楽しい空間・わくわくする空間』黎明書房

中村雄二郎（1992）『臨床の知とは何か』岩波書店

浜田寿美男（1993）『発達心理学再考のための序説』ミネルヴァ書房

藤本浩之輔編（1996）『子どものコスモロジー：教育人類学と子ども文化』人文書院

プラウト（2017）『これからの子ども社会学：生物・技術・社会のネットワークとしての「子ども」』元森絵里子訳、新曜社

ポストマン（1985）『子どもはもういない：教育と文化への警告』小柴一訳、新樹社

堀尾輝久（1984）『子どもを見なおす：子ども観の歴史と現在』岩波書店

本田和子（1980）『子どもたちのいる宇宙』三省堂

宮澤康人編（1988）『社会史のなかの子ども：アリエス以後の〈家族と学校の近代〉』新曜社

宮澤康人（1998）『大人と子供の関係史序説：教育学と歴史的方法』柏書房

宮澤康人・星薫編著（1992）『子供の世界』放送大学教育振興会

ミンコフスキー（1983）『精神のコスモロジーへ』中村雄二郎・松本小四郎訳、人文書院

村瀬学（1981）『初期心的現象の世界：理解のおくれの本質を考える』大和書房

村瀬学（1983）『理解のおくれの本質：子ども論と宇宙論の間で』大和書房

森田伸子（1986）『子どもの時代：「エミール」のパラドックス』新曜社

矢野智司（1996）「子どもの聖なる空間・聖なる時間：子どもは家庭においてどのようなコスモロジーを描くのか」藤本浩之輔編『子どものコスモロジー：教育人類学と子ども文化』人文書院

矢野智司（2000）『自己変容という物語：生成・贈与・教育』金子書房

山口昌男（1975）『文化と両義性』岩波書店

第1章

〈挑発〉する子ども

―本田和子―

1．コスモロジーとしての〈子ども〉の領野へ

　本章では、児童学者・本田和子が1980年ごろから展開した子ども論に着目し、そのコスモロジー的特質に焦点を当て、その思想的射程を明らかにしてゆきたい。本論に先立って、本田の略歴を記しておく。本田は1931年新潟県に生まれ、1954年お茶の水女子大学家政学部を卒業、同大学院家政学専攻科を修了した。1957年より尚絅女学院短期大学講師、その後十文字学園女子短期大学助教授を経て、1970年よりお茶の水女子大学家政学部助教授（1983年同教授）、1995年より聖学院大学人文学部教授を務めたのち、2001年にはお茶の水女子大学学長に就任した（2005年退任）。2022年現在、日本保育学会名誉会員である。

　本田による子どものコスモロジーは、世界における〈子ども〉の生き方・ふるまい方についての言説（存在論）であると同時に、世界を〈子ども〉が把握する方法についての言説（認識論）でもあるという重層的な意味を有している。

　子どもをめぐるコスモロジーの概念整理を試みた鵜野祐介（1998）によれば、日本における子どものコスモロジーにおいては、子どもの外なるコスモロジーとしての〈子どもが生きるコスモロジー〉と、子どもの内なるコスモロジーとしての〈子どもにとってのコスモロジー〉という二つの言説は併存しているという。そして、この二つの意味におけるコスモロジーは、必ずしも分離しているわけではなく、両者の相互浸透ないし相同性を強調する立論もありうると鵜野は指摘する。本田の〈子どものコスモロジー〉は、この二つのコスモロジーが交差したところに展開されている。

鵜野によれば、本田は、子どものコスモロジーを、「外と内」の両面、すなわち「見える姿」と「心の姿」の両面から捉えること、「現実的、日常的時空間」と「遊戯的、非日常的時空間」の「同時的二重把握」への試みとして提示した。後者の「遊戯的、非日常的空間」を、いわば「深みの次元」「超越の次元」として導入することによって、本田は子どものコスモロジーを「垂直軸を持つ立体的、重層的な構造体」として描き出そうとしているという。本章においても、鵜野と同様に、本田の〈子どものコスモロジー〉を、内面と外面の相互浸透という特徴を有する論として捉え、それに着目しながら読み解くことを試みたい。

　本田は、自らの子ども論的探究の原点に、近代的な子ども観に対する問いなおしというモチーフがあったという（本田 1982：12）。彼女のアプローチは、近代的な価値観の反映としての子ども観を相対化し、子どもと大人との連続性を切断したのちに現われてくる子どもの像を見据えようとするものである。本田のみるところ、近代的子ども観の槓桿をなしているのは、「発達」という尺度である。近代において、「科学的児童研究」に依拠した「可能性」「発達」という隠喩による子ども観が成立した（本田 1982：12）。「発達」は「適応」と同義にとらえられ、「可能性」は「秩序を到達点とする道すじの、どの段階にいて、どれだけの適応能力を獲得しているか」を指標として「有限化」されることになる（本田 1982：17）。

　「発達」の相のもとに子どもをみると、子どもは大人に至るまでの道程の中途にいる存在であるということになり、いわば不完全な大人として現象することになる。近代以降、子どもは、「未分化、未成熟で、未だ社会化されない存在」として、「多くの「未」の字を冠されつつ云々される対象となった」（本田 1980：3）のは、未だ大人になり切れていない存在として子どもを位置づけたためであろう。すなわち、子どもを大人未満の存在と位置づけることによって、「子どもを、将来に対する「可能態」、同時に、現在における「欠如態」と措定した」（本田 1980：3）わけである。

　本田は、子どもを「近代的児童研究の所産である「発達観」や、その現世的

な落とし子である「教育的、あるいは教育心理学的」諸配慮の外に身を置いて」見ようとする（本田 1980：6）。そのようなアプローチは、「「子ども」と「大人」とを、「発達」という勾配関係から解き放ち、相対する二つの極と位置づけて、それぞれの個性を把握し直すこと」（本田 1980：5）に繋がるだろう。本田は、子どもと大人を、「勾配関係」、つまり大人になりえている程度に応じて子どもを位置づけるのではなく、子どもと大人を、対等な対立項として方法論的に位置づけ、あえて両者の「差異」に着目することによって、大人へと収斂していくスペクトラムの中から子どもを脱出させようと試みているのである。彼女が、「「差異性」を梃子にして、「子ども」と「大人」の直線系列を解体し、「子どもの世界・子どもの文化」をいいたてよう」とするのは、そのための方法なのである（本田 1980：5）。大人と子どもの間にあるのが「勾配」ではなく「差異」であるとするなら、大人に適用される視点をもって子どもを捉えようとしても、捉えそこねてしまうことになるだろう。

　子どもを、〈大人の文化〉とは異質な〈子どもの文化〉を生きる主体として位置づけることは、子どもと大人の差異性に着目することで、大人の側の論理、世界観に子どもを同質化すること、同化することを自制しようとする態度の表明である。本田はいう。「「子どもの異文化視」は、人間集団の多様性を水平に分散させたまま認識する装置であり、一方、棲み分けと共存を模索することにより、通文化圏の拡大に機能する実践装置ともなり得るだろう」（本田 1989：244）。本田がとりわけ、「子ども」という言葉を用いて、「六、七歳くらいまでの幼い人たち」——いわゆる「幼児」——に焦点化しようとするのも、幼児においてこそ、大人との「差異性」が際立つためである（本田 1980：7）。その「差異性」を、本田は、子どもたちの「行為」の中に見出そうとする。彼女は述べる。「子どもたちの行為が、私どもの眼に「ちがい」として映じるのは、それが、私ども大人の生の現象の中に出現しにくく、私どもの秩序の体系の外に位置することのゆえであろう。したがって、それらの「ちがい」は、しばしば、大人の合理主義的なまなざしによって「理解し難い奇妙さ」としてとらえられ、果ては、「たまたま」生じた「無意味なできごと」として葬り去ら

れがちである。しかし、それらが、私どもの意表をつく驚きとして現れるから
こそ挑発性を持つのだし、そのゆえに、無視し去ってはならないだろう」（本
田 1980：6 f.）。

2．問題構制としての「異文化としての子ども」

　本田の子どものコスモロジーへのアプローチが、思想界での耳目を引く契機
となったのは『異文化としての子ども』の公刊であった（1982年）。同書が賛
否両論を巻き起こす中で、本田への批判としては、彼女が提示した「異文化」
というワードに引きずられて、「子どもは異文化か否か」という問題設定として
提示されたものが多かったように思われる。その一方で、本田の取り組み
が、「子どもを異文化として見ようとしたとき、何が見えてくるか」、逆に「今
まで何を見失ってきたのか」を反省的に問い直す方法論的視座であったことに
ついての検討は、相対的に希少なものに留まったように思われる。つまり、本
田の子どもへのアプローチが有する方法論的概念であった「異文化」を、実体
的にとらえたことから生じる批判が複数見られたのである。高橋靖幸（2010）
はその例であろう。高橋は、1980年代に活発化した、子どもの「存在そのも
の」を問おうとする「子ども論」の代表的論者として本田を挙げ、「異文化と
しての子ども」という彼女のアプローチが、「発達」という科学的・合理的な
子どもへのまなざしを一時停止させたうえで、子どもの「非合理的な側面に真
摯な態度で向き合い、かれらを「わからない存在」として、またそうしたかれ
らとの対面をいわば「異文化」としての出会いとして捉えようとするもの」だ
としている（高橋 2010：138）。高橋によれば、本田のアプローチは、「子ども
たちの「わからなさ」を「他者性」に読みかえ、かれらを大人社会の「文化的
他者」とすることにより、子どもの世界には大人の世界とは異なった独自の意
味があること」を承認するための視点を提供しようとするものであった（高橋
2010：139）。しかしながら同時に、「異文化としての子ども」というアプロー
チは、「子どもと大人のあいだにはどれだけの差異があるのかを新たに掘り起

こす作業」とならざるをえず、両者の間の「絶対的な差異」を認めることになってしまったという（高橋 2010：143）。

　小浜逸郎（1987）も、子どもという「異文化」を、「人類学」における「未開人」とアナロジカルに捉え、子どもが「文化の外にある者」としてしか位置づけられていないことを批判している（小浜 1987：70）。小浜にとって子どもは、「生まれたときから大人との関係において秩序性の方向に強力に組みこまれている」存在であり、「もっと私たちに身近な、方法的に了解可能な存在」である。しかし、本田は、大人と子どもの通約可能性を全否定し、両者の間に「誇張された断絶」を持ち込んでいるというのである（小浜 1987：72）。

　ただ、本田は、小浜が指摘するように子どもを異文化、つまり異なるエスニシティとして実体的にとらえていたのではない。子どもを異文化として見ようとしたとき、子どものいかなる側面が可視化されるか、前面化するかという問題化の方法として、文化人類学の方法論に依拠したにすぎない。例えば、首藤美香子（2011）は、子どもを「異文化」として見る手法は、「「象徴としての子ども」によっておおわれていた深層」を暴き出し、「消滅しかけていたもの」を奪取する「異化効果」を有するものとして捉えているが、「効果」に着目した方法論的立場の表明として、子どもを「異文化」として見るまなざしの提起がなされたといった方がよいであろう。

　石井直人（1986）も、本田の子ども論における業績の核心を「異化」にあるとする。石井のいう異化とは、非日常化、非親和化の作用であり、ロシア・フォルマリズムの中で提起された概念である（石井 1986：14）。本田は、「大人である私の「内なる異文化」を活性化しようとする戦略」として、異化を実践しようとしているとして、「異文化」へのまなざしが、外部における「子ども」に留まらず、大人自身への内省として、大人に内在する「子ども」へも差し向けられていることを指摘する（石井 1986：18）。そのうえで石井は、本田が「子ども／大人」という二項対立（二分法）を反復して強調しているにすぎないとしている（石井 1986：18）。

　しかしながら、本田自身が明確に述べているように、彼女の「異文化」アプ

ローチは、〈大人／子ども〉の異質性のみを指摘して、両者の断絶を強調しようとするものではない。「もはや「子ども」ではあり得ない」存在としての大人と、子どもは、「具体的な日常を共に生きつつ、相互に交流可能なコミュニケーションを時々刻々開発し続けるだろう。この場合の両者は、対関係を形成する二つの極として相対峙しながら、関係の変容を共ににない合う。ということは、両者ともに、時々刻々の変容を経験し続けるということだ。そして、これが、実践のレベルでの通文化圏の拡大に他ならない。対象化し切るのではなく、さりとて同化し切るのでもない、お互いがお互いとしてありながら共有地を切り開いていく」（本田 1989：240）。つまり、本田のモチーフの基底には、「「子ども」との差異に敏くありつつ、彼らとの共通性を探る」（本田 1989：240）という、子どもへの両義的な向き合い方への模索があった。

　そして、子どもへのアプローチが両義的であるということは、子どもに向き合う〈大人〉の側に内在する両義性への自覚をもたらしうるものだと本田は考える。「子どもを異文化視し、その他者性に注目することで、子どもとの間に新たな視座を確立しようと願った」のと同時に、「私自身の「内なる異文化」を活性化したかった」（本田 1983：13）と彼女はいう。つまり、本田にとっての異文化とは、眼前の・外在的な異文化の相と、自己の内面における異文化の相の両面において捉えられる両義性を特色とする。「外在する子どもの発見は、内なる子どもの覚醒と不可分であり、子どもの異文化性の解読は、内なる異文化との協応関係の上に成立する」（本田 1983：13f.）。すなわち、異文化への接近は、大人自身の内面に対する省察でもあるという点は強調されなければならない。

　本田によれば、外的／内的な異文化は、「挑発性」を有する。というより、「挑発性」を見いだそうとするまなざしこそが、その先に異文化を見いだしうるとした方が適切かもしれない。「「文化の外なる存在」からの問いかけが、私どもを挑発するのだし、私どもの身体が思いがけずそれに応えてしまったとき、その「内なる異文化」の唆しによって私ども自身が挑発者のまなざしを持たされるのである」（本田 1982：2）。本田が、子どもの世界をつねに内的／

外的側面の相互浸透と交絡に着眼しながら描き出そうとしているのも、「異文化」性が、内面と外面を相互浸透しあう不可分なダイナミクスを有していると捉えているからである。本田は、子どもたちの「生存の様態を、「子どもの世界、あるいは文化」と呼び、それを「外と内」の両面、すなわち、「見える姿」と「心の世界」の両層において把握し、それらから、私ども大人に対して送られるメッセージを受け取ろう」という試みを遂行しようとする（本田 1980：7）。その試みは、具体的には、「見えるもの」としての「身体によって表現される「動き」」、「活動性」へと注目することによって始められる（本田 1980：8）。しかし、その「動き」が、単なる外面的行為に留まるものだとは彼女は考えていない。

　外的／内的な異文化へのアプローチが方法論として選択されなければならないのは、異文化性の現われが、必ずしも明瞭なものではないからである。むしろ、挑発性は、微細な現われ方をするのであり、その現われを見て取るまなざしは、鋭敏なものでなければならない。「幼い人たちの言動は、しばしばその何気ない装いのかげに、いま一つ得体の知れない意味を秘めて、大人たちの無意識に囁きかけ、それを脅かす」（本田 1982：34）。しかしながら、現われの微細さは、異文化の有するポテンシャルの小ささを意味しない。「最も挑発的なのは、子どもたちの示す些細な言動」であり、私たち大人が依拠する「秩序体系そのものに投げかけられた問いである」という（本田 1982：12）。

　むしろ、本田が見て取ろうとする子どもは、外部／内部という区分をすら無効化してしまうような存在なのかもしれない。本田は問う。「幼い人たちは、限りなく外部に近い内部、あるいは、根底的には内部的な外部……。空間的には境界性（マージナリティ）、時間的要因を導入するなら、過渡性（リミナリティ）と呼ぶことも可能だろうか」（本田 1991：274）。子どもたちは、境界的に存在する。両極に引き裂かれつつ、両者を媒介する、中間的な存在として生きる。子どもはつねに、「異界からの呼びかけに耳を澄まし、その誘いに両手を差し延べているように見える」（本田 1989：46）。

　中間者・境界者・媒介者としての子どもの振る舞い、あらわれは、無定形

性・無方向性を特色とするという。「子どもは、そのおのずからなる活力のままに、ばらばらと無方向に溢れ出して流動する存在である。こうした彼らのありようが、それだけで、人々を脅かし、正体不明の不安に陥れるとすれば、それは、彼らの存在自体がおのずから侵犯性を持つことの証である」（本田 1982：12）。ここでいわれる「侵犯性」というのは、安定的な秩序、およびそれを基盤とする文化体系に対する破壊的な力動性である。子どもの「侵犯性」によって、自分たちの依拠する「秩序が、流動し溢れ出るものを切断し停止させて、非連続に範疇化し、それを操作することで成り立っている」という現状が否応なく意識化されるというのである（本田 1982：19）。つまり、子どもの「侵犯性」は、秩序の恣意性を暴露することによって、既存の秩序が普遍的なものであると見なす価値観を転覆させるポテンシャルを有している。

　子どもがあらわしているのは、静的に対する動的、秩序に対する無秩序、一義性に対する多義性なのである。そして、それらの現われによって子どもは、秩序あるいは体系としての大人の文化に対する異議申し立てを不断に提起しているのである。「子どもらとの間に結ばれる身体を介しての関係が、多義的でありすぎ、動的でありすぎて、意味の体系に位置づきにくいとすれば、それこそ、強力に築き上げられた「体系」なるものに対しての、ささやかな異議申し立てといえるのではないか。子どもたちの無秩序な蠢動と、それに対する身体のレベルの密かな応答、それらは、曖昧さを排除しようとする文化の体系に向けて、無数の問いを発し続けている」（本田 1982：12）。

　子どもたちの「挑発性」は、流動的であること、変容的であることにおいて現われる。そして、流動性、変容性は共に、文化の体系性の対極をなす性質である。「断えず溢れ出し、形を変えて、文化の体系に組みこまれることを拒む」有様において、子どもたちは「挑発的」である（本田 1982：2）。反体系性、非統一性の現われとしての子どもは、その断片性、瞬間性、断絶性によって特徴づけられるだろう。子どもの断片性は、一貫した意味を無効化する振る舞いによって現われる。そこでは、意味の連続性を支えるものとしての時間の連続性も無化される。子どもが見せるのは、「辻褄の有った物語にされることを拒

み、さながら、その不統一性、意味不明性にこそ真骨頂がある」ともいうべき
振る舞いであり（本田 1982：47）、意味の一貫性を拒否する「ばらばら」さで
ある（本田 1982：47）。つまり、子どもにおいては意味の一貫性は不要で、時
間は寸断されていく。子どもにとって、意味の断片性は、時空間の断片性と重
なり合う。フラグメントとしての意味空間と、フラグメントとしての時空間
は、重なり合いながら、意味から強度へという志向を顕わにしているかのよう
である。

　本田は、子どもの在り方の非統一性について、次のように述べている（本田
1982：54）。

　　子どもとは、統一されることなく、常にばらばらなありようで世界の中に置かれてい
　　る。秩序の側から見るなら、範疇化を拒むその「ばらばら性」は、秩序の外に排除せ
　　ざるを得ない特性である。「べとべと」が、その不定形性と不断の流動性で忌避の対
　　象であったように、「ばらばら」もその不統一性と蠢動性で、秩序から忌避されるこ
　　とになる。

　ところが、子どもにとって非統一であることは、単なる断片化を意味するわ
けではない。というのも、断片あるいは寸断というのは、全体あるいは統一が
失われた状態を意味するわけだが、そもそも子どもにとっては、全体あるいは
統一として世界は捉えられていないからである。子どもにとって、「現在」は、
容易に過去や未来と融合する時間なのであり、時間の破片として「現在」のみ
を摘出する必要はない。このような、子どもによる融合的、流動的な時間の把
握は、空間の把握にも滲出していくだろう。全体性、および統一性に基づく意
味を視野に収めていない子どもたちにとっては、全体的でないもの、統一的で
ないものとしての「断片」として世界を捉える必要はないからである（本田
1982：54）。

　非統一的な在り方をする子どもへのアプローチとして、本田は「感じられる
もの」を手がかりとして、「マージナルな領野」における子どものありようを

探ろうとしている（本田 1982：21）。つまり、不可視の〈深層〉へと沈潜しようと試みるのではなく、表層における微細な表徴に対する感受性を大切にしようとする姿勢である。ただ、それは表層のみを見ようとするアプローチではなく、その断片としての精妙をきわめた表れを通し、子どもを「能う限り丸ごとの全体として」受け止めるための試みなのである（本田 1982：17）。

3．子どもの現われとしての「べとべと」「どろどろ」

　子どもの脱秩序性・反体系性の現われを、本田は子どもの「べとべと」「どろどろ」への執着に見出そうとする。本田のみるところ、「べとべと」「どろどろ」というほかないような、世界の有する「混沌・融即・共存」の側面に親和的なのが子どもなのである（本田 1980：121）。子どもが泥を「こねる」ことによって「べとべと」に惑溺しようとしているとき、その行為は必ずしも子どもの意思によって導かれているわけではない。むしろ、泥が、子どもにその行為をするように仕向ける。「大地が適度な水分を含んで潤うとき、そのアモルファスな性情は、子どもたちに「こねる」ことを要求する」（本田 1980：116）。

　「べとべと」「どろどろ」は、「明瞭、堅固、真物、永続性」などのような、生活世界における価値に対立する、いわば反価値であることによって、秩序・体系への侵犯性を顕わにする（本田 1982：69）。例えば、泥・砂で遊ぶ子どもはその具体的な現れであろう。砂遊びにおいて、「砂と水は子どもを野生の生きものへと結びつける」（本田 1982：25）。砂を「こねることはフォルムの破壊」である。子どもたちは「こねにこねる行為を通じて、あらゆる形式、角張ったもののすべてをその指の間で壊しつくす」。しかし、こねることは単なる破壊に留まらないデュナミスをはらむ。子どもたちは「ひたすら、全きなめらかさ、異質のものの均衡と調和を目指して、休みなく手を動かし続ける」（本田 1982：27）。ユング（1976）に触発された本田は、ここには、「化学の結婚」という対立の結合を目指した錬金術との相同性があると指摘する。「子ど

もたちが追い求める不滅の統一物は、一塊の泥という物質に託されて、一瞬一瞬その完成度を高めていく」（本田 1982：27）。

　それと同時に、対象としての泥への統一は、内面における均衡をも生じさせる。「こね続けることで、彼らの中の怒りやいらだち、あるいは対立や攻撃などという、あらゆるとげとげしい感情が和んできて、穏やかな粘り強さに支配される」（本田 1982：27）。つまり、泥を「こねる」という動作は、単なる身体的な行為であることを超えて、内面との対峙でもある。このことに気づいていたユング派臨床心理学における箱庭療法では、砂が使用される。「砂が無意識を引き出し、それに形を与えてくれる媒体であるなら、それをまさぐる子どもたちは、手指を楽しませる泥の感触を追いつつ、自身の「内なる世界」と対面する機会を持つだろう」（本田 1982：28）。つまり、泥や砂との対峙は、内面との対峙なのであり、泥遊びには内面世界が投射されると同時に、泥遊びによって内面世界は変容していく。その変容は、統一への過程という性格を持つ。すなわち、「泥とは、バシュラールの言を借りるまでもなく、砂と水の結婚」なのであり、「子どもたちのこねる手指は、まさしく、その結婚の媒介者なのだ」（本田 1980：117）。「こねることは、お互いを隔てる垣根を破壊し、あらゆるものを分かち難く一体とする」（本田 1980：118）ような、統合的・融合的行為なのである。そこで実現されようとしていることは、そもそもすべてが分割不能で渾然と一体化している、まさにウロボロス的連続なのであり、その渾然としたアンチコスモスは、新たな創造へのデュナミスとして生成する。連続性への遡求としての「こねる」ことは、「不断の生成」なのである。

　要するに、「べとべと」への志向は、単に秩序・体系の転覆・破壊へのタナトスの発露であるわけではない。本田によれば、泥で遊ぶ子どもたちは両義的である。「泥で遊ぶ子どもらの姿に、ある時は創造主の聖性を見、ある時は未だ文明に組みこまれざる野生の発現を見る」（本田 1982：29）。つまり、「べとべと」として生きる子どもは、現生の秩序の壊乱にたずさわると同時に、新規な創造への試行を繰り返しているのだ。既成の秩序の顛倒と、世界の更新・創始は、共なる行為なのである。泥の「可塑性、流動性」は、「子どもらを「は

じまりの日の創造」へと導くのだが、また、その「可塑性」は、「無形態＝分類不能＝混沌」と同義でもあって、秩序世界に対する侵犯性を持ちかねない」（本田 1982：29）。

「分節化以前の原初性」に生きる子どもにおいて、世界は「分類とも範疇化とも、そして整合とも無縁に、ひたすら流動的に、どこにでも入りこみ、ものとものを混ぜ合わせ、あらゆるものを包みこんで、安らかに自足し得る」ような「混沌」にほかならない。子どもが「混沌」に侵し尽くされるとき、当然のことながら、「秩序はその輪郭を曖昧にされる」（本田 1982：43）。

そもそも、大人にとって、「既知」を境界付け、確定するためには、「未知」との邂逅が必要となる。「未知の訪れにおいて、人は、既知の己れらを発見し、「われわれ」という塊を出現させる」（本田 1991：249）。つまり、「未知の出現における、既知の制度化」（本田 1991：253）こそが、文化システムの確立、集団的アイデンティティの成立にとっての必須の条件である。本田によれば、時代が転換することによって「子ども」が発見されたのではなく、逆に「子ども」の発見によって、時代の転換が促進される。外部を取り込んだとき、システムは自ずから再編成を余儀なくされるからである（本田 1991：284）。本田によれば、「子どもの世紀」といわれる20世紀は、「内に「永遠の子ども」をかかえ込むことなしには、人と文化は活力を失い、やがては枯渇せざるを得ないことに気づいた時代」であった（本田 1982：132）。

ただ、システムにとっての「未知」は、「未知」であり続け、「既知」とは異質なるものとして刻印づけられ続ける運命にある。「未知」を、「既知」の外部へと放逐することによってのみ、システムは動的に成立しうるからである。「システムは、第三項を排除し、二項対立関係のシリーズを閉域のなかで確立することで自立する。二項対立の連鎖のなかで、排除される第三項は隠蔽されてしまうが、実はこの第三項こそ二項対立関係を可能にする」（本田 1991：253）。ここでいわれる「既知」となることを拒むものとしての「未知」、「既知」の初発の成立を可能にする母胎としての「未知」を、本田は子どもの現われの中に見て取ろうとするのである。つまり、排除される「始原のカオス」と

しての「子ども」に対するアプローチを試みる（本田 1991：254）。子どもた
ちが遊び続けてきた遊びには、人間の生き方にかかわる根源的な経験が凝縮
されている。「始原」における「未知」には、子どもの在り方の中に人類史の
「原史」を読み取ろうとするアプローチによってこそ接近しうるだろう。原史
をになう存在、原初的存在として、本田は子どもを見ようとする。「幼児とい
う原初の存在は、その素朴に見える生活行為の中に、人の成長にかかわる根源
的な課題を、縮図的に表現して見せてくれる」（本田 1980：130）からである。

4．挑発性としての〈運動〉

　本田は、子どもの存在、あるいは子どもにとっての世界把握を、一貫して動
的なもの、流動的なものとして描き出そうとしている。「幼い人たちにとって、
「動くもの」は生命あるものであるから、独楽を回し、風車を舞わせることは、
無生物に生命を与える営みに等しい」（本田 1980：85）。「動くもの」が生命の
現われとして子どもに受け止められるとき、子どもの内面においては、子ども
の生命が蠢動し、奔騰する。「独楽にせよ、風車にせよ、激しく回転する物体
を見つめるとき、人は、己れの内なる生命の渦をそこに投射する傾向を持って
いる。その結果、凝視する人は、動きの渦に巻きこまれ、全身的な「眩暈」の
状態に陥るものだ」（本田 1980：86）。ここにおいても、外的な現われを内面
との共振において捉えようとする本田の姿勢は一貫している。

　子どもたちは「風に躍る凧や紙飛行機の中に、自身の飛翔の夢を見る」（本
田 1980：70）。つまり、子どもたちは、飛翔するものに、たとえそれが無生物
であったとしても、自らの飛翔のイメージを重ねる。この子どもの飛翔は、飛
翔する物体によって触発されるという意味で、事後的なものである。「飛びた
いという願望が先で、飛ぶものが作り出されるというのでなく、木の葉や凧と
いう物体の動きに即応して、彼らの心も風に舞う」。ただ、飛翔する物体に、
子どもの心身が「即応」することができるのは、子どもの内面に既に、自らを
飛翔させるものとしての「風」がはらみ込まれているからである。「子どもた

ちの内奥に潜む「風」が、外なる風に共鳴して彼らを舞わせる」（本田 1980：70）のである。

「風」による飛翔は、不安定をもたらす。しかし、同時に、それこそが、子どもの心身を活性化する。「子どもたちは、自身の知覚の安定に執着せず、意識のパニックを恐れない。彼らは、外と内で共鳴し合う回転のエネルギーに己れを委ね、日常的な意識や理性の柵を、すべて遠心力にのせて宇宙の四方に放射する。そして、存在自体がカオス状に漂うようなありようにおいて、陶然と酔い痴れることが可能なのだ」（本田 1980：88）。

動き続けることは、円環的運動においてこそ可能になるだろう。それはつまり、渦を描くような運動である。本田はいう。「渦巻きの内側に入りこむことは、閉じられた他界へ足をふみ入れることと等価であって、死の脅威と重なり合う。しかし、同時にそれは、無限の続行の体験であるから、不死性のイメージを喚起するだろう。そして、反転、あるいは曲折による方向転換は、新たな生への帰還を意味することになる」（本田 1980：94f.）。

運動の円環的反覆は、時間の円環的反覆、そこにおいて生成する生命の円環的反覆のイメージと重なり合っていく。本田によれば、ミルチャ・エリアーデは「循環のイメージの中に、「祖型の反覆」と「時の再生」を見た」という（本田 1980：104）。生成と消滅の反覆は、世界の絶え間ない「更新」として生起しているという。「子どもの歩みは、存在と時間との絶えざる更新であり、彼らは、一瞬一瞬を新しい「いま」に歩んでいる。それらは、まさしく、不断にくり返される「死と再生」の過程である」（本田 1980：105）。「死と再生」の反覆こそは、世界と、世界の中に生きる子ども自身の賦活に他ならない。「循環する時間のイメージ」（本田 1983：68）においてこそ、そのような果てしない生の更新が可能となるのである。

そのような円環的・反覆的な時間の把握は、直線的・一過的な時間認識と対立するものである。つまり、子どもの時間は「均質恒常に直進することはない」（本田 1980：105）。子どもの時間においては、「いま」を原点とした、未来／過去という単純な対立は存在しないのであり、多元的な「いま」が重層的

に共存しあっているといったほうがよいかもしれない。子どもたちの時間は、「非連続に見えるいま」であり、それぞれの「いま」は互いに独立しているのである（本田 1982：58）。子どもの時間は「点」ではない。それは、重層的な時間といったほうがよいかもしれない。子どもにとっての時間は、静止させられた「点としての時間」ではなく、異質な時間の共存する「出来事としてのいま」であり、「複合的な時間」（本田 1982：62）なのである。本田によれば、子どもが生きる時間は、連続的かつ直線的であるかのように観念される大人にとっての時間とは異質である。子どもは、「時間の間隙を軽々と飛び越える存在」（本田 1980：75）である。子どもたちの現在は、流れゆく時間軸上の点ではない。子どもたちの「いま」は、「滞在」することのできる現在であるともいわれる（本田 1982：57）。つまり、子どもたちの「いま」は瞬間なのではなく、持続なのである。「長さと厚みを持った分割不可能のかたまり」としての「いま」（本田 1982：57）を、子どもたちは生きているのである。

5.　子どもの遊び世界の二重性

　子どもの非定型性・運動性は、子どもの遊びにおいて顕わとなる。子どもの「遊戯空間」は、日常的な生活空間とは異質な場として成立する。「遊戯空間」は、子どもの意識を契機とする。「「遊戯意識」が確立したとき、彼らは、「遊戯」という虚構の生を展開するために、日常空間を切り裂き、自身の周囲に「遊戯空間」を出現させる」（本田 1980：195）。子どもによる「遊戯空間」の創出は、世界の変貌として実現する。遊戯的世界は、日常的世界が反転することによって生起する。子どもは「自分の周囲に呪術の輪を張りめぐらし、その中に足をふみ入れることにより、一瞬のうちに、世界を変貌させる。彼らが「ある行為」におもしろさを見いだしたとき、世界は反転して、ありふれた日常世界に魔法がかけられ、現実的、日常的時空間は、「遊戯的、非日常的時空間」に様変りし、世界は、彼らの色で彩られる。子どもたちが呼吸するのは、まぎれもなく、私どもと同じこの現実の空気であり、彼らが立っているのは、

私どもと同じこの地球の表面なのだが、それでいて、遊ぶ子どもは、疑いもなく、「別世界」の存在者なのだ」（本田 1980：10）。非日常的空間としての「遊戯空間」は、日常的空間の「反転」によって生起している以上、日常的空間から完全に剥離してしまうことはない。その証拠に、子どもたちは、日常的生活行為を「遊んでしまう」。「「遊び」とは、合目的的な生存活動に直結せず、そのこと自体の魅力において遂行される活動であるが、子どもとは、食べる、着る、などの活動をすら、「遊んでしまう」存在」である（本田 1980：10）。子どもたちは、現実性としての日常的空間に生きながら、同時に、そこに非日常的空間としての意味連関を構築してしまうのだ。子どもたちは「「いま」立っている「遊戯世界」が、同時に、現実の大地であり、彼らの住居を支え、乗りものを走らせる地表であることを知っている」（本田 1980：10f.）。つまり、子どもたちは、「遊戯世界」が、現実世界を基盤として成り立っていることに自覚的なのである。つまり、子どもは、現実世界なしでは遊戯世界が成立しえないというパラドックスを知っている。子どもにとっての遊戯世界は、「それぞれに「虚でありつつ、同時に、実である」のだ。遊ぶ子どもの、世界を見る視力は、常に二重であり、世界を図る目盛りも一本ではない。彼らが生きるのは、「現実」と「非現実」が共存し、「昼」と「夜」が同居する世界である」（本田 1980：11）。

　子どもが、このような〈現実／非現実〉という二重性を生きることができるのは、その二重性を、自身の「肉体」という媒体によって相互媒介させているからである。子どもたちは、「現実も非現実も、理性も情動も、あるいは、時間も空間も一体化させて、自身の肉体に凝縮する」（本田 1980：12）。それゆえ、「肉体」に映写される世界像は、つねに二重化されている。「子どもらに固有の世界と向き合おうとするとき、私どもの眼に、「見える姿」として鮮やかに映じるのは、この、世界に対する「同時的二重把握」であり、それの「肉体による顕現」ではないだろうか」（本田 1980：12）。子どもが「肉体」の相において実現している世界への「同時的二重把握」は、子どもの世界への姿勢が、包摂的なものであることを示している。「子どもらの前に、世界は、正と

負、光と影、あるいは昼と夜、などの共存において立ち現われるものであり、彼らは、その影の部分をも排除することなく、それらのすべてと向き合っているのである」（本田 1980：40f.）。この「同時的二重把握」を、本田は「二重の視力」（本田 1980：13）とも呼んでいる。「子どもたちは、二重の視力で世界を捉え、二重の相にその生を展開する。彼らが生きるのは、「現実」と「非現実」が同居し、「昼」と「夜」が共存する世界である」（本田 1982：62）。

　子どもの世界把握には、両極を分化させ、そのうちのどちらかを否定し去ろうとするような志向は存在していない。「子どもたちは、現実を否定する行為を、現実のレベルにおいて展開しようとはしない。彼らは、遊び、あるいは物語世界という虚構の次元で、それを行なおうとするちえを身につけている」（本田 1980：43）。子どもによる両義的、あるいは多義的な世界把握は、そのレベルを「虚構」におくことによって可能になっているのである。

　子どもたちの肉体とは、世界理解のための媒体であり、同時に、その理解の表徴でもある。ただ、子どもたちが表象するのは、可視的な世界そのものではなく、世界の全体を象徴的に構造化したものの要素である。「子どもたちの肉体があらわにするのは、彼らの世界像であり、世界把握なのだ。彼らが写し取るのは、見える姿の世界ではなく、象徴としての世界である。したがって、現実生活と「ごっこ遊び」が対応するとしても、それは、生活のありようそのものに関してではなく、象徴論的構造における対応である」（本田 1980：40）。つまり、子どもの遊びを読み取ろうとするとき、その表層における現われだけに焦点化しても、その意味の全体的把握は不可能である。子どもの遊びの現われは、深層におけるアーキタイプ（元型）の表現でもあるというように、表層／深層が重層化したものとして見られなければならない。つまり、子どもの遊びは、世界の可視的側面の単なる模倣なのではない。「「ごっこ遊び」を遊ぶ子どもたちは、モデルの動きに近づこうと意図するのではなく、それを借りて、深層で機会を待つ元型イメージを表出しようとするのだし、その機会を通して、より自由に「他者」を生きようと試みる」（本田 1986：104）。つまり、子どもは深層における元型を「遊び」として表象することによって、元型的他

者をも同時に、重層的に生きているわけなのである。

　そのような、子どもの現われの重層性に着目しようとするとき、子どもの可視的な相を、あくまで「象徴」として見て取ろうとするパースペクティブが必要となる。子どもが、世界を「二重の視力」によって、同時に重層的につかみ取っているとしたならば、子どもの世界把握に肉薄しようとする大人の子どもへのアプローチも、二重化されなければならないだろう。つまり、子どもの「現われ」は、二重に読み解かれなければならない。「一つは、視覚に与えられた「見えるままの姿」であり、いま一つは、いわゆる「言語による解釈」である」（本田 1980：13）。つまり、「見えるままの姿」のみをあるがままに捉えようとするだけでなく、その意味を、深層に遡求しながら「言語」を介して解釈的に捉えようとする試みが必要となる。この二つのアプローチは、同時に遂行されなければならないと本田は強調するのである。

　本章においてみてきたように、本田にとって、〈子ども〉という存在は、反体系性、非統一性としての「異文化」を表象しているのであり、それが「異文化」である所以は、体系性、統一性を構成原理とする〈大人の文化〉との著しい異質性にあるとされた。そして、「異文化としての子ども」は、現実の幼児においてのみならず、大人の内奥にも潜む深層的な潜勢力として見出される批判原理なのである。

文献

浅岡靖央（1991）「〈子ども〉論の誕生と〈子ども〉という物語の崩壊」『日本児童文学』
　　37、（11）

石井直人（1986）「異化：本田和子の仕事のことなど」『日本児童文学』32、（9）

鵜野祐介（1998）「「子どものコスモロジー」の理論」『子ども社会研究』4

エリアーデ（1969）『聖と俗：宗教的なるものの本質について』風間敏夫訳、法政大学
　　出版局

小谷敏編（2003）『子ども論を読む』世界思想社

小浜逸郎（1987）『方法としての子ども』大和書房

首藤美香子（2011）「子ども学試論（3）：1980年代における近代知の変革と子ども論の浮上」『地域と子ども学』4

高橋靖幸（2010）「子どもを「異文化」として問う視点：「異文化としての子ども」から「子どものエスノメソドロジー」へ」『立教大学教育学科研究年報』53

バシュラール（1968）『空と夢：運動の想像力に関する試論』宇佐見英治訳、法政大学出版局

バシュラール（2002）『空間の詩学』岩村行雄訳、筑摩書房

藤本浩之輔編（1996）『子どものコスモロジー：教育人類学と子ども文化』人文書院

本田和子（1980）『子どもたちのいる宇宙』三省堂

本田和子（1982）『異文化としての子ども』紀伊國屋書店

本田和子（1983）『子どもの領野から』人文書院

本田和子（1986）「「ごっこ遊び」考：遊戯世界に「他者」を生きる」『児童心理』40、（3）

本田和子（1987）『子どもという主題』大和書房

本田和子（1989）『フィクションとしての子ども』新曜社

本田和子（1991）「〈原史〉としての子ども」加藤尚武ほか『子ども』（現代哲学の冒険2）、岩波書店

本田和子（1995）「子どもの「遊び」を考える」『児童心理』49、（13）

本田和子（1999）『変貌する子ども世界：子どもパワーの光と影』中央公論新社

本田和子（2000）『子ども100年のエポック：「児童の世紀」から「子どもの権利条約」まで』フレーベル館

本田和子（2007）『子どもが忌避される時代：なぜ子どもは生まれにくくなったのか』新曜社

本田和子編著（1998）『ものと子どもの文化史』勁草書房

山口昌男（1975）『文化と両義性』岩波書店

山口昌男ほか（1984）『挑発する子どもたち』駸々堂出版

ユング（1976）『心理学と錬金術』（1・2）、池田紘一・鎌田道生訳、人文書院

第2章

〈理解〉する子ども

―村瀬学―

1．障害というコスモロジー

　本章では、思想家・村瀬学が1980年代から90年代にかけて展開した世界＝宇宙論と、それと相即するように構築された人間学としての子ども障害論をみてゆきたい。村瀬の障害論は、コスモスにおける生命としての人間の存在様式の特性、および存在様式と結びついた世界認識の特性をめぐって展開される。村瀬において〈子ども〉というのも人間の存在様式の一つであるゆえ、村瀬による障害論の特色は、障害そのものの類型論としてではなく、人間の世界に対する存在様式の一形態として語られる〈人間－世界論〉として提示される。村瀬において、人間論と世界論は、相似形をなすものとして把握されているのである。このようなレトリックは1981年の実質的なデヴュー作『初期心的現象の世界』において提示され、発達障害論というフィールドにおいて、1983年の『理解のおくれの本質』として完成される。発達障害を、人間としての存在様式の態様として捉える視点は、障害のスペクトラム的把握を先取りしているように思われる。この発想は、人間論から宇宙論、生命論へとさらにその射程を拡張させながら、1990年代に展開される「いのち論」へと発展していくことになる。ところが、村瀬の宇宙－人間論の特殊性について言及している先行研究は管見の限り存在しない。村瀬の子ども論に触れた文献が皆無というわけではないが、断片的な言及に留まり（例えば清原（1989）などは、村瀬による子どもの時間把握は、現在に過去と未来を引き寄せるようなものだと述べるが、それ以上の言及はない）、村瀬の障害論は、彼の宇宙－人間論というパースペクティブの中の一つの表れに過ぎないということが明らかにされていないのであ

る。

　本章では、1980年代初頭に上梓された『初期心的現象の世界』、『理解のおくれの本質』という二つの著作を中心に検討しながら、村瀬の〈人間−子ども−生命−世界〉論のレトリックの基本構造を明らかにしていきたい。ただ、村瀬は特定の思想家を典拠として自説を構築しているわけではない。実際、村瀬のテクストには、思想家の固有名詞が登場する機会は少ない。そのことは必ずしも村瀬の思想が孤絶したものだということを意味しているわけではない（例えば、セーレン・キルケゴール、エドムント・フッサール、ウジェーヌ・ミンコフスキー、アルフレート・シュッツなど実存主義哲学から現象学に至る思想的系譜には一定程度の明示的な言及がある）。しかしながら、村瀬は既存の思想における術語をそのまま援用するのではなく、彼独自のジャーゴンに置き換えて概念の組み替えを図ってゆくため、村瀬の思想の骨格を見るためには、村瀬自身のテクストを経時的、内在的に読み解いてゆく作業に重点が置かれるべきだろう。

　本論に先立って、村瀬の略歴を掲げておく。村瀬は、1949年京都府出身、1973年に同志社大学文学部（哲学科）を卒業する。大阪府交野市の心身障害児通所施設あすなろ園職員を経て、同志社女子大学教授（生活科学部人間生活学科児童文化研究室所属）を務めた（2020年退職）。学生時代から、キルケゴールの思想に強い関心を寄せ、独自のキルケゴール解釈は、『新しいキルケゴール：多者あるいは複数自己の理論を求めて』（大和書房、1986年）にまとめられている（本章では触れることができないが、当該書において村瀬は、人間の「自己」を「関係への関係」として捉えた人物としてキルケゴールを位置づけ、関係、「関連状況^{コンテキスト}」の先行性を軸に人間論を展開しようとしている）。

２．宇宙において〈中間〉として存在すること

　村瀬にとっての宇宙論とは「すべての問いに答える方向をもつ考え方」（村瀬 1983：61）である。ここでいわれる「宇宙」というのは、遠大な宇宙空間

を意味するのではなく、日常性を包み込み、そして日常性の中に包み込まれている共通の原理であり、運動である。「日常の中にすでに宇宙がある」（村瀬 1991：108）。村瀬は、重度の障害児を前にした母親の問い、「なぜこの子は生きているのだろう」（村瀬 1983：63）という問いかけへ真剣に応答しようと試みる。「生きる」あり方が、それを包み込む宇宙との接面において捉えられるべきだという発想へと村瀬は導かれる。「なぜ生きているのか、それはつきつめればなぜ宇宙に生命があるのかという問いを問うところへゆく」（村瀬 1983：61）。ひとりの子どもであったとしても、子どもが宇宙の中に「生きている」ということ、その「生きている」ということが、宇宙のあり方そのものと同型をなすという想像力に村瀬は期待を寄せる。「ひとりの子を問えばそれは宇宙を問うことになる。そういう宇宙論を私もほしい」（村瀬 1983：63）。つまり、子ども論は生命論であり、それが必然的に宇宙論へと接続していくようなレトリックを村瀬は編み上げようとしているのである。それは、「私の内部に必ず大地の構造が巻き込まれている」、「植物の構造も私の中にあり、動物の構造もまた私の中に取り込まれている。私をみつめれば植物も動物も天も地もみえてくる……私はそれらの中間性であり、中間である限りにおいて私はそれらとは別物ではない」という理解、それを支える想像力によって描き出されることになるだろうという（村瀬 1991：131f.）。

　さて、村瀬は、世界の態様、そして世界内で生きる生物体（人間を含む）の態様を、相同の図式で表現しようとしている。村瀬はブレーズ・パスカルによりながら「極大の無限と極小の無限とその間につねに《中間状態》としてしか存在しえない私たちのあり方」（村瀬 1983：67）について語ろうとする。この中間としての私たちは、「つねに両極端からへだたっている」（村瀬 1983：67）。しかし同時に「中間状態」は「つねに両極端をふくんで成り立っている」。「両極端のそれぞれを含みつつ、なおかつ両極端そのものではないからこそ中間状態」（村瀬 1983：68）なのだとする。ここで村瀬は、世界が両極的構造を有すること、および、その両極が完全に対立し隔絶しているのではなく、その《中間》を有することを強調している。そして、この《中間》に在ること

が、生物体の本態であるという。「中間状態」は、「本質的に宇宙の両極的にものとかかわっている。つまり両極的なものへと《いきき》している」。その「道すじ」として生命を捉えていこうとするのである（村瀬 1983：68）。

個体としての生物体はあくまで《中間》として在るわけだが、その中間性というのは、両極を含んでいるということを意味している（図）。つま

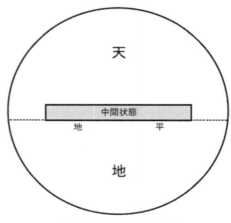

図　《中間状態》の模式図
（村瀬（1983：67）を元に著者作成）

り、《中間》としての生物体というのは、個体でありながら、個体を越える両極を有する存在でもあるということになる。「生物体が個体でありつつも個体を越えて類を生きている」状態を《中間性》と村瀬は呼んでいるのである（村瀬 1991：129）。

有機体は、つねに非個体的なものであると同時に個体的なものとしても存在せざるをえない矛盾、〈類〉でありつつ〈個〉でもあるという矛盾を抱える（村瀬 1981：76）。この二重性を、村瀬は《中間状態》と呼んでいる。「個体とは包まれる形態であり、自らを閉ざす形態」でもある。ここで村瀬のいう「包む」というのは両義的である。包むと同時に包まれるという両義的な仕方で環界と接し、交流していることをいっており、決して包囲されているというような「受動」のみを意味しているわけではない。村瀬は続ける。「有機体は様々な環界に包まれているのだが、それは受身的にふろしきで包まれているというようなものとしてあるのではなく、「包まれ」を感じとることそのことにおいて、逆にそういう広がりをもつ環界を「包みかえし」しているという、そういう能動的な構造の実現になっている」（村瀬 1991：118）。

　両極性構造の中間にあり、両極との連繋を失わずに在るということは、両極との「交わり」という両義性を抱え込んだ場、《両場性》として、生物体が在るということである（村瀬 1991：131）。「私たちの存在様式が、その根本において、個体ではなく交わりとしての存在様式としてある」というのが村瀬の根本テーゼである（村瀬 1991：91）。この「交わり」というのは、個と個の関係性のことではないということを村瀬は繰り返し強調する。「ある存在があって、それが外界と交わっているというのではなく、つまり生理体（有機体）があって、それが外界と関係をもっているというのではなく、そもそもはじまりそのものが「交わりの構造」としてある」（村瀬 1991：91）。村瀬において「交わり」というのは、生物体の運動なのではなくて、存在様式なのである。交わることによって、生物体・有機体は初めて一極として生成するのであり、それと同時に、交わりの対象としての環界（世界）が対となる極として生じてくる。「《交わり》という独特な、根源的な存在様式が、一方に有機体を、もう一方にその「相手」としての環界を、両極的構造として生み出した」（村瀬 1991：95f.）のである。《交わり》を介して、生物体が環界と両極をなしつつ、共進的に生成するということは、生物体は環界と適合する形で存在するということである。「生命が生物体として現出するために、ある領域の物質機構と交わり、その機構の似合いの機構を自らの形象として形態化する」。つまり、「外側の機構と似合いの機構が内側として形態化され、その一体となっている面が《両》という性格として現れる」（村瀬 1991：124f.）。外界が内界へと写し取られ、外／内の《両》側は共に同型のものとして現象する。この現象を、村瀬は「似せ」と呼ぶ。「もしも生きているという状態が何物かに「似せる現象」なのだとしたら、逆にみればその「似せ」の現れ方は、その似せる当の相手を自分の方に「写す」現象として現れている」（村瀬 1991：116）。つまり、「生命」そのものが「何かに似せる現象として成立している」という構造（村瀬 1991：115）を有している。そして、生物が「似せ」る第一の相手は環界なのである。

　ところが、この《交わり》と、それを通した「似せ」は、そのようであることを忘却されうる。個体を意識する態度をとるとき、認識論的にいえば「根源

としての交わりの様式を「忘れる」ことによって、私たちは逆に交わっていることよりか、互いに区別し合って境界をもっていることの方に、つまり我われが個体であることの方をより「自覚」してきた」（村瀬 1991：91）。根源としての交わりを意識下に押し下げることによって、日常が成立する。「「日常として現れる生命」、それをひとことで言うとしたら奇妙なことではあるが、それはまさに「現れていることを忘れているかたち」ということになる」（村瀬 1991：94）。ただ、どれほど「根源としての交わり」が忘却されたとしても、そのようなものとして存在している生物体としての存在様式が乱されることはないのである。

3．子どもの生きる多元的「界」としての世界

　村瀬は、心を「界」として捉える。「界」とは、天・地・地平の構造を有する世界のあつまりのことである。「界」が、天・地という場と、その中間としての地平を有する構造をもつということは、「界」としての心の存在様式が、宇宙における生命の存在様式と相似形をなしていると村瀬が認識していることを意味している。

　天・地は、「界」の両極をなす場であり、「地平」は天・地の中間状態である。そして、この中間性を包含し庇護するものが身体である（村瀬 1983：199）。中間性の特質として、呼吸に代表される《律動》があげられる（村瀬 1983：200）。中間であるという状態は、固着的・静態的なものではないのである。

　乳児期においては、つまり生命の「はじめは地平が境界として分立していない」ために、「天・地・地平は一体化している」が、それがやがて「分化」していく（村瀬 1983：77）。つまり、「地平」の分化が〈発達〉の過程そのものを印す。個体としての子どもは、自身が天・地・地平を有する「界」として生成してゆくのだが、当然「界」は単独で在るわけではなく、「界」は、多元的である。この多元性に子どもは気づいていく。すなわち、自分の「界」の外に

複数の「界」が存在することを発見していくのである。このことが、「我」の発生を促してゆくという。

　子どもは、自己としての「界」の生成と並行して、自己である「界」と、その外にある複数の「界」の間に、日常性という媒介的な界を成立させていく。世界の多元化＝多界化と、界相互の独立が明確になってくると、その間を《いきき》できるようになる（村瀬 1983：77f.）。「人の世界理解が広がる」ということは、「様々に現れる多元的な界のその天・地・地平を類同化させていくような体験過程」（村瀬 1983：94）にほかならない。

　ただ、子どもの原初的な生活は「限りなく多元化されている」（村瀬 1983：71）。子どもの生活は、それぞれが世界をなしているから、子どもの世界も多元化されている。「砂場で遊んでいる時と、ふとんの上で遊んでいる時と、あるいは道ばたで遊んでいる時と、家の中で遊んでいる時とでは、その時々の土台、地面はみな違っているのである。昨日の地面と今日の地面とでもまたちがっている。このようにあそんでいる＝生活している時、そのひとつひとつのあそびの土台がちがうというのは、まさにそのひとつひとつの世界がみな違っているということなのである」（村瀬 1983：72）。それぞれの生活の場が「界」として林立・併存し、それぞれが一定の独自性をもって「島宇宙」（村瀬 1983：73）のように共在する（この点、大人とは違うという。大人にとっては、「世界はみなつながっており、地平としての共通の土台をもったものとして体験されている」からである）。子どもにとって、それぞれの世界はみな《等価》であり、複数の「界」を統合するような体系は存在していない（村瀬 1983：73）。〈幼児〉を「様々な心的現象が《等価》として現れる時期」と村瀬はいっている（村瀬 1981：73）。

4. 世界に対する体験の二元性と「おくれ」

　村瀬は、前述のような「界」的世界論にもとづいて、世界の体験の様相を詳述しようと試みる。彼によれば、世界の体験は、二つの様式を持つ。

第一の様式が「属の世界体験」である。「属の世界体験」とは、「私たちが生物として地球の枠組に属する属し方の体験」（村瀬 1983：93）であり、より原初的な体験様式といえよう。「属」というのは「自然性」と言いかえることもできる（村瀬 1984：30）。

　「属の世界体験」を生起させるものは直接的な「触」である。「触」によって、それに付随する《何らかのかたち》を含めてなされる「具体的」な体験である（村瀬 1983：114f.）。「感性的な手がかり」によって、「物の見分けは、属の世界にあっては一瞬である」（村瀬 1983：95）。それゆえ、「属の世界体験」は、「本質的に既知性」を有する（村瀬 1983：95）。世界が「既知」であるというのは、その世界に既に接しているという事実から生じてくる。世界の中で生物として存在している以上、常にこの体験は成立している。「属の世界体験をするものは、世界に対しては先取りしつつつねに《同時》」にある（村瀬 1983：95）。村瀬によれば、子どもは、「触」による自然性を優位として生きる性質を持つ（村瀬 1984：30）。

　第二の様式は「範の世界体験」である。これは、「人工的（歴史的）に類型づけ、配置させ、人工的（歴史的）に秩序づけされた世界」についての体験であるという（村瀬 1983：93）。「範の世界」は「人工的（歴史的）に秩序づけられた世界であり、どのような範を理解するにしろ、私たちはそれを《あとから》理解しなくてはならない」（村瀬 1983：95）というのが、同時性・既知性を有する「属の世界」と著しい対照をなす。範の世界を支配する原理は「規範」と呼ばれる（村瀬 1983：130）。「規範」とは、人間が共同的に、歴史上形成してきた「同一性」の体系である。それゆえ、範の世界の体験とは、《同一性》の体験にほかならない（村瀬 1983：105）。「人々に共通したものの見方を提示する」こと、「みんなが決めることによって成立」したことが「同一性」であり、それは本質的に「約束事＝取り決め」によって成立する「同一性」である（村瀬 1983：105）。その意味で、同一性としての「範」というのは「共同性」と言いかえることもできる（村瀬 1984：30）。

　そしてこの「歴史による決定」を「個人による再決定」として引き受けるこ

とによって範の世界の秩序は成り立つ（村瀬 1983：107）。つまり、「範の世界」とは規範の世界なのであり、それがもたらす同一性の世界なのである。このような人工物としての同一性＝範が必要とされるのは、それが個としての情緒の安定化、さらには他者との社会的関係の安定化を生じさせるという機能を持つからである。既に出てきた村瀬の言葉を使うならば、ここでの「同一化」とは「地平が橋渡しされている」ということ（村瀬 1983：105）なのである。

「理解のおくれる子の中に、とかく同一性を求める状態が起こるのは、こうした心の安定を求めるがために、同一性にたよらざるを得ない一面があった」からであり（村瀬 1983：106）、「同一性」の決定を自分のものとして受けとめられない場合、それに類似した同一性を見いだすか、「自らそれに近い同一性をつくって、それを頼りにしようとする」という「擬似同一性」への依存を生じさせていたからである（村瀬 1983：109）。

範というのが、過去から現在に至る歴史上の、自分ではない複数の人間によって構築されてきたものであるとするならば、範は、誰にとっても初期においては自分のものではないものとして現象する。つまり、「範の世界に対しては、私たちは本質的に《おくれて》到達しなければならない」（村瀬 1983：95）のである。「範の世界に生きるものにとって、世界はつねに手を加えられ、解釈されたものとして現れている。だからその手の加えられ方、解釈のされ方を、一から学ばなければならない。つまり、ここでは世界はつねに歴史として存在し、私たちはその歴史の一番あとにいるものであり、その歴史に対していつも遅れて参加してきているのである」（村瀬 1983：96）。歴史の先行性、先行する歴史にたいする参与の〈新しさ〉を「おくれ」と村瀬はいう。言い方を変えれば、「現象と、それを理解することの間には、つねに《距離》が存在する」（村瀬 1983：97）。そしてこの《距離》は、「範の世界」に生きるうえでは無化することはできない。なぜなら、私たちはみな、「範」の形成以後に生まれてきたからである。つまり、範と個とのあいだの《距離》、すなわち「おくれ」は、既に形成され共有されている「範」によって構築されている世界に生まれてくる者にとっては普遍的なものなのである。「一般に知恵おくれ、発

達のおくれと呼ばれる現象がおこりうるのも、心の構造それ自体が、その中に「根源としてのおくれ」を秘めているからに他ならない。この「根源のおくれ」が強化され、拡大され、固定化されるところで、目にみえる「理解のおくれ」が現れるのである」（村瀬 1983：97）。「理解のおくれ」は、《距離》が拡大し可視化する場合もあるが、かりにそれが不可視な極小のものであったとしても、つねにすでに存在しつづけているのである。

5．人間の根源的な存在様式としての「理解のおくれ」

村瀬の世界論と認識論は、「おくれ」論という形で総合されてゆく。村瀬は、「心的な現象の総体」を〈融－理〉の転化構造としてみている。心的現象を、弛緩から緊張へ、緊張から弛緩へという転化の相として捉えようとしているのである。村瀬によれば、〈発達〉とは、「心的な現象の規定の確定の構造の総体」であり、本質的には心的現象の緊張として現象する。一旦規定が成立すれば、それを〈土台〉として規定の地平は拡張していく（村瀬 1981：235）。この弛緩、あるいは緊張が極端なものとなるとき、〈理解のおくれ〉という現象が現れる（村瀬 1981：243）。つまり、村瀬にとって「理解のおくれ」とは、〈規定の確定の構造〉の不全性なのである。

規定化、すなわち〈理〉には、共同性による規定と、類性による規定がある。共同性の規定の原理は〈同一性〉であり、類性の規定の原理は〈類似性〉である。〈理〉の構造を生きるということは、この二重構造を生きるということである（村瀬 1981：249）。人間として生きるということは、この二重構造から逃れられないから、人間としての生は〈同一性〉と〈類似性〉の両極を常に有し、その中間に在りつづける。〈同一性〉の過剰な優位や、〈類似性〉への過剰な優位というのは、「理解のおくれ」として感知されるわけだが、それは決して人間本来の生の様式からの逸脱なのではなく、両極構造の《中間》における座の置き方、位置の相違にすぎないのである。

村瀬の「おくれ」は、この《中間》において生じてくる。いわば《中間》と

しての在り方の特定の形態が「おくれ」として現象するという。彼によれば、「おくれ」には二つの種類がある。第一の「おくれ」は「スピードのおくれ」である。「スピード」というのは、「ひとつの界の地平を、別な界のもつ地平につないでゆくスピード」のことである。「数多くの界を《地つづき》として自由にいききできる人」を「賢人」と呼ぶ（村瀬 1983：98）。界と界の接続（つなげ）をスムーズにできない場合、それに時間がかかる場合、その人は「おくれ」ることになる。

　第二の「おくれ」は、界どうしの「つなげ方」そのものに関するものである。理解は「界の地つづきのつながりぐあいであるが、どういう《筋》でつないでいくのか、その《筋のつなげ方》」の問題が生じうる。つなげ方が皮相であったり、奇異であったりする場合である。村瀬の言い方では、筋の《とりちがえ》《読みちがえ》《もつれ》《はずれ》である（村瀬 1983：99）。つまり、このタイプの「おくれ」は「ズレ」によって発生する。「ズレ」というのは、〈前〉にズレる場合も、〈後〉にズレる場合もある。〈前〉にズレることは「すすむ」といわれるわけだが、「世界中には「おくれ」る人だけではなく、「すすむ」ことによって問題になる人々だってたくさん存在するのではないか」と村瀬は問いかける。「もし「おくれ」る人々が病気や疾患や病理なのだとしたら、その逆である所の「すすむ」人々も同じように病気や疾患や病理であるとされなくてはならないはずである」。「もし「すすむ」ということが決して病気でも病理でもないのだとしたら、「おくれ」ということも決して病気や病理ではないのだということが説明できてゆくのではないか」（村瀬 1989：175）。人間存在の態様が、範＝理からの「おくれ」、ズレにあるとすれば、それ自体が異常であるということにはなりえない。

　村瀬は、第二の「つなげ方」の「おくれ」に注意を促す。村瀬のいう「理解のおくれ」は、「日常世界」の筋と、「多元の世界」の筋を、《とりちがえ》や《読みちがえ》によって、「二重性としてうまく地つづきに筋づけられない」という事態である（村瀬 1983：100）。

　例えば、第一には「多元的な界の体験があまり《地つづき》にされないで、

飛躍したままで次々に体験されてゆく場合」、「「日常世界」を世界体験の土台
化にしないままに、多様な世界体験を遂行」してしまう（遊離心性）。これは、
「界と界の間が地平化しにくい」状態である（村瀬 1983：100）。つまり、「同
一としての確定」が優位になる心性を〈遊離心性〉という（村瀬 1981：249）。
遊離心性においては、「本来の共同性とは類性を含んだ上での共同性である」
（村瀬 1981：255）のにも関わらず、そこから類的なものを抜き取って〈区画
性〉を抽出する。「物事の柔らかい構造を幾何的に割り切り規定づける心性」
である（村瀬 1981：256）。それゆえ、現実との対照がしにくく、常に現実と
の関係が不確実なものとなってしまう（村瀬 1981：257）。

　対人関係において遊離心性は、「人に対する親和性が著しく希薄な心性」と
して捉えられるもので、「理の構造において類性を踏まえない」、つまりそこか
ら「遊離」「浮遊」したままに、「一方的に共同的な機序に立脚しようとする心
性」として現れる（村瀬 1981：254f.）。村瀬はその理念型を〈自閉症〉だとみ
ている。

　第二には、「日常的な生活体験は体験できるのだが、多元な世界の体験の広
がりがはたせず、多元的な世界の中に、つねに日常的なものをみてとって区別
しない（混同してしまう）」（親和心性）状態である。界と界の間が「あまりに
も簡単に地平化しすぎる」（村瀬 1983：100）、つまり安直に界どうしが癒合し
てしまう状態である。「類似としての確定」が優位になる心性を、彼は〈親和
心性〉といっているのである（村瀬 1981：249）。対人関係における親和心性
とは、関係性をうまく形成・維持できるということではなく、「その子の心的
な存在の仕方の全体性が、他者に対して違和的なものを強くもたない」という
ことを意味する（村瀬 1981：250）。例えば、人のやっていることをしきりと
まねたがる「ダウン症児」は、「類として存在する周囲のものに対して、本質
的に同定し同調しうる存在様式を圧倒的に優位にもっている」のである（村瀬
1981：250）。

　「親和心性」を優位にして生きる子どもは、類的なものに自己を没入させ
やすいため、他者による決定に自分の決定を委ねてしまいがちになる（村瀬

1981：251)。そのことは、「わかったような（決定したような）つもり」になることに繋がるため、「確実に分かった」という意味での「自己確定」が不完全となる（村瀬 1981：252)。自分自身によって「確実な決定をする力が弱いということは、その分だけ自己を意識する度合いが弱いということでもある」（村瀬 1981：253)。それは「共同性＝共同規範の受けとめの弱さ」に由来するものである（村瀬 1981：253)。

　規範を共同的なものとして受け止められないということは、ひとつでも規範の自己確定がなされると、そのたった一つの自己確定のパターンによって様々な事態の確定をしようとする状況、「固着」が生じる（村瀬 1981：253)。一旦自己確定してしまうと、それ以外の確定の仕方があることに気づきにくく、確定の仕方を転換しにくい。そのため、新しい事態の吸収＝決定ができにくい＝〈おくれ〉という現象が生じてくるのである（村瀬 1981：254)。

　第三には、「多元な世界を区別する境界体験が持続されにくい場合」、「界のもつ境界が、簡単に融けて、地平を失うような世界体験」（融化心性）である（村瀬 1983：101)。界が界としての自立性を失い、溶解してしまう状態である。「心的な現象の、規定化したり融化したりする、その自在な転化性の下地そのものが、抵抗」を受けてしまっている状態である（村瀬 1981：45)。健常者における「融化心性」は、〈眠り〉に象徴される。そこでは、「規定化そのものの放棄」であり、「放化」が起こっている（村瀬 1981：244)。日常的に融化心性を形成する子どもは「重症心身障害児」といわれてきたのである（村瀬 1981：245)。

　遊離心性、親和心性、融化心性というこれら三つの心性は、「誰の中にもある心性」（村瀬 1983：102）であり、それらを特殊な病態としてみる捉え方を村瀬はかたく排するのである。「おくれ」、ズレというのは、人間としての私たちの普遍的な存在様式なのであり、その在り方の現れの多様性に、「障害」という特定の名称を付与しているにすぎないのである。

文献

清原知二（1989）「子ども時間とリアリティー」『美術教育学：美術科教育学会誌』10

小浜逸郎（1987）『方法としての子ども』大和書房

ミンコフスキー（1983）『精神のコスモロジーへ』中村雄二郎・松本小四郎訳、人文書院

村瀬学（1981）『初期心的現象の世界：理解のおくれの本質を考える』大和書房

村瀬学（1983）『理解のおくれの本質：子ども論と宇宙論の間で』大和書房

村瀬学（1984）『子ども体験』大和書房

村瀬学（1989）『未形の子どもへ：人生四苦八苦から』大和書房

村瀬学（1991）『「いのち」論のはじまり』JICC出版局

村瀬学（1995）『「いのち」論のひろげ』洋泉社

村瀬学（2010）『「あなた」の哲学』講談社

第3章

〈関係〉する子ども

―浜田寿美男―

1. ピアジェからワロンへという発達観の関係論的展開

　本章では、発達心理学者・浜田寿美男による発達心理学批判の論考を読み解き、その基礎にある関係論的人間学の基本的性格を明らかにしてゆく。浜田の発達心理学批判は、単に既存のパラダイムの限界を指摘するに留まることなく、既存の発達心理学が暗黙の裡にはらんでいる人間像・人間観を抉り出し、それに対峙するオルタナティブな人間学として、独自の心理学構想を打ち出そうとしている点で、出色の試みといえる。浜田は、既存の発達心理学における個体論的性格、普遍的性格、認知能力一元論的性格などを、ジャン・ピアジェの心理学に仮託し、いわばピアジェを仮想敵として批判することを通して、自らの関係論的人間論を構築しようと試みている。その際、重要な典拠として持ち出されるのが、アンリ・ワロンの乳幼児発達研究であった。ワロンを大胆に翻案しつつそれを活用して自らの関係論的人間学の骨格となし、さらに、自らの関係論的人間学の特質を、ピアジェの人間観（それはピアジェ自身によって明示的に述べられたものではない）を仮想的に構築し、それと対照させることによって鮮明にしようという一連の試みは、大学院在学中より今日に至るまでの浜田のライフワークであるといってよい。

　本論に先立って、浜田の略歴を瞥見しておく。浜田は、1947年香川県小豆島に生まれた。京都大学文学部卒業、1976年同大学院文学研究科（心理学）博士課程を単位取得退学する。発達心理学を専攻し、花園大学社会福祉学部助教授、同教授、奈良女子大学文学部教授を務めた。2009年に奈良女子大学を定年退任、現在同名誉教授である。発達心理学、特に臨床分野の研究のほか、冤罪

が疑われる刑事事件の被疑者供述の研究で知られている。

2．身体を起点とした遠近法的世界像の提起

　浜田は終始、ピアジェの発達心理学に対して批判的である。ピアジェの研究手法（実験・調査環境の設定）を、ピアジェ自身の人間観ないし社会観の反映だと見なして、ピアジェの発達論を、ワロンのそれと比較することで、発達観の一つの理念型を提示しているということができる。

　ピアジェのいわゆる「感覚運動期」における「同化」優位について、「同化が優位であるということは、自分のシェマに強くこだわり、そこに周囲世界を取り込んで（ときには歪めて）いくということであるから、それはまさに「自己中心性」の別名でもある」（浜田 1994：245f.）という。浜田は、発達上の「自己中心性」を「同化」の優位として読み替えている。子どもの表象は、当初は「同化優位ではじまり、やがて現実とぶつかり、他者の視点とぶつかることで、自らのシェマの方を調節していく。これがここでの脱中心化である」（浜田 1994：247）。ピアジェは、この「脱中心化」を、不可避かつ不可逆の趨勢として捉えたという。ピアジェにおける「自己中心性」は、「つねに越えられるべきものとして論じられた」ものである。「自己中心性は現実認識をなんらのかたちで歪める。それゆえそこから抜け出して脱中心化することが、言わば発達的課題となる」（浜田 1994：284）。「ピアジェにあっては、自閉的思考に通じる自己中心的思考もあそびの現実も、子どもの発達の過程のなかで必ずや消滅し、あるいは客観的事実のなかにおおわれてしまう運命にあるのである。いかなる心的現実が構成されようとも、生体が外的現実のなかで生きていかなければならない以上、結局、心的現実は外的現実に照合され、調節されねばならない。それゆえ、自立した心的現実というものはなく、すべては外的現実への適応に還元されるのだと、ピアジェはいいたげである」（浜田 1978：506）。しかしながら、ピアジェにおいては、感覚運動期における「自己中心性から脱中心化へ」というプロセスには「社会化の契機はまったく入ってこな

かった」（浜田 1978：503）という。「ピアジェにおいては、感覚運動期の対人行動はほとんど看過されて」おり、「人としての人に対する行動はまったくとりあげられる」ことはない（浜田 1984：262）。ピアジェの発達論においては、「発達の契機は、取り入れられるものをすべて取り入れようとする同化の傾向と、より完全な同化を行うための調節、そして両者の均衡化のメカニズムだけであった」といい、「社会の影響はあくまで外力であって、自発的な認知発達に対しては一次的な力をもたない」とされていた（浜田 1978：503）。つまり、「社会の影響」を、内力ともいうべき内在的な契機との絡み合いの中で捉えることをしていないのである。

　浜田も、〈自己中心性→脱中心化〉という方向性が存在すること、それが一定の意義を持つことを否定するわけではない。しかしながら、「自己中心性」を、完全に消え去ってしまう過渡的・否定的対象とみることには彼は異を唱える。「人は身体をもって生まれ、身体とともに生きる。その身体を抜け出すことはけっしてできない。それゆえ、私たちがこの世界を経験するのはこの身体をおいてない」。つまり、人間にとって身体は世界認識の地平なのであり、この身体という地平から離床することはできない。「たとえ相手の視点からの光景を推測はできても、けっして相手の見ている光景をそのまま自分の目で見るわけにはいかないし、相手の聞く音の世界を想像はしても、けっしてその音の世界をそのまま自分の耳で聞くことはできない」。このように、人間が身体を有し、その身体から離脱することが許されない存在であることを、浜田は人間の「本源的自己中心性」という（浜田 1994：285）。人間は、身体から乖離してはいかなる形でも存在することができないということである。「私の身体が動くと、それにつれて光景が動く」（浜田 2009：27）というように、身体に縛られて存在するということは、人間の空間把握は、身体の態様に依存したものにならざるをえないということでもある。

　「人間の視覚世界とは、自分の視点（パースペクティブ）を見えざる原点とし、そこを軸に遠近法（パースペクティブ）的に展開する舞台」である（浜田 1995：168）。「私たちの生活空間は、なにより私の身体という特異点を軸にし

て張りめぐらされている。そこでは、空間は、両目が向かう前方ではとらえられない後方、空へつらなる頭上と大地へと結ぶ足下、そしてさらに左右の利き手側と非利き手側に分化して、非等質的な空間をなしている」（浜田　1983c：170）。身体は、通常、不可視のままに留めおかれながらも、空間把握、世界把握の起点としての中心として在る。しかし、空間の原点としての身体は、透明なものでも、不変のものでもなく、身体の物理的特性によって、非対称なものとして存在するよりほかはない。そのような非対称な形態を有する「身体をもって生きるということは、この身体を逃れることのできない人間が、まさにその身体の内側からこの世界を生きているということ」（岡本・浜田　1995：229）にほかならない。身体的存在としての人間は、身体的存在態様のもたらす存在論的な自己中心性に規定される。自己中心性とは、単に認識の傾向なのではなく、人間の存在態様としても、浜田においては捉えられているのである。

　それゆえ、「人間の身体のもつ本源的自己中心性を忘れて、もっぱら脱中心化することを発達としてとらえるとき、そこには客観化主義の専制と、具体的身体的存在としての人間の忘却が結果するのみ」（浜田　1983c：176）だということになる。そして、その身体、特に世界把握の起点、視点としての眼を、自分自身で捉えることは不可能である。「私たちはどんなふうにしても自分の視点をじかに見ることはできません。視点はいつも視覚的世界の原点として見えないところで働いている」（浜田　1995：168）。「眼」に代表される世界認識の原点・起点としての身体は、自己そのものによって省察的に捉えることは不可能である。認識にとって、最も近いがゆえに最も遠いもの、それが身体なのである。

　身体は、認識の桎梏であると同時に起点であるという両義性を有する。身体の両義性は、身体が徹頭徹尾個体的な性格を有すると同時に、他者との交感の媒体でもあるということにも現れている。「身体こそは、人と人を隔てる同時に、人と人とを結び合わせる本源でもある」（浜田　1984：283）。身体を有することが、人間関係の根底にあると浜田はみている。「人との交わり、人にとっ

ての人の特権性を支えているものは、おそらく、人が他者と共通に身体をも
つ事実」にあるという（浜田 1984：283）。さらに、他者との共通項としての
身体は、他の身体との相互的な反応可能性を本質的に有すると浜田は考える。
「身体はそもそも他の身体と出会うことを当然のこととして予定している。出
会ったときたがいに相手の身体と反応しあうことは、身体そのものにそなわっ
た心的構図の一つなのである」（浜田 1999：97）。身体を共通項として、他者
との交感が開けるということを、彼は「身体の共同性」（浜田 1999：97）とも
呼んでいる。身体は、他の身体と融合する、重ね合わせることが困難な個別
性・孤立性と、このような共通性・共同性を併せ持つ「両義性」を特質とする
（浜田 1999：98）。

　浜田によれば、ピアジェは上記のような身体の両義性を捉えそこねていた。
というのも、ピアジェにとって、自己中心性は、発達の中で超克されるべき、
一過性の状態にすぎないと考えられていたからである。「自己中心性を、越え
られるべきネガティブなものとしてではなく、身体をもつ人間が避けがたくも
つ人称の世界のポジティブな軸として捉えたとき、そこにはピアジェの描いた
のとはおよそ異なる人間像が浮かび上がる」（浜田 1994：286）だろうと浜田
は展望する。

　ピアジェに対して、ワロンは、身体の共同性、精神の共同性に常に注意を
向けていたと浜田はいう。彼にとって、ワロンは「類や共同を背後においた
発達観あるいは人間観、またそれに基づく心理学」の先駆者であった（浜田
1994：270）。浜田＝ワロンによれば、「人間の身体には、姿勢・情動の働きに
見られるように、共同性が本源的に具わっていて、自他の重なり、自他の絡ま
りが最初から与えられている。つまり、人間というのはその本質において社会
的な存在なのであって、赤ちゃんの育ちには最初から他者存在が大きく絡み込
んでいるのでなければならない」（浜田 1994：269）。すなわち、「個体的に適
応できないとき、人間はその事態に対して共同的に対応しようとする」が、そ
の原型は新生児期にある。その際、「共同的対応の要石」になるのが「情動の
働き」だとワロンはみなしているという（浜田 1993：43）。

人間における他者との共同性は、「予定」されたものである。共同の予定性は、人間の原初的なあり方、すなわち新生児が「無力」であり、それを補い生存するために他者の介入を必須としているからであるという。ワロンによれば「子どもはこの世に生まれ出たとき徹底的に無力であって、他者の共同性を予定せずには生きられない。それゆえ子どもの生の全体性は、個体では閉じえず、おのずと共同性を含まざるをえない。つまり赤ちゃんは何によって生きるのかという発想に立つかぎり、他者との共同性を人間の生の本質的契機として想定せざるを得ないと考える」。この「他者との共同性」を、人間の存在態様の本質と見なすか否かが、「ピアジェ―ワロンの最大の違い」であるとする（浜田 1994：278）。ピアジェが、発達を究極的には個体の変容過程であるとみていたのに対し、「ワロンに言わせれば、人間が個体の単位で周囲にものを適応していく働きは、その主体としての働き全体のうちの一部」（浜田 1993：43）にすぎないとした。

　ただ、「物」に対する関わり方は、任意に個別に決定されるものではなく、「文化性、歴史性」を有するという意味で人為的・社会的なものであるということを浜田は強調する。「感覚運動的活動は直接的に物の世界を対象とする。人為を越えたこの物の世界にはそれ自身の論理性、法則性があって、人間がこれを勝手に変えることはできない」。つまり、「主体の適応すべき物の世界が固有の論理性と法則性を持っているかぎり、その物への感覚運動的適応の結果として生み出される世界には、一定の論理性を見いだすことはできても、文化性、歴史性を容れるだけの多様性が広がってはいかない」（浜田 1994：287f.）。浜田によればピアジェは、「概念（操作）世界の論理性を強調しすぎて、人それぞれの思考世界の多様性を背後に退けてしまっている」（浜田 1994：288）のである。ピアジェが重視したという「論理性」に基づく世界創造が普遍的なものとして捉えられたのに対し、ワロンの重視した歴史性・文化性に基づく世界創造は、多様な変容可能性に開かれている。ワロンは、「子どもの発達を、対物的な世界に対する関係活動と対人的な世界における主体形成の複線構造においてとらえた」（浜田 1994：292）。対物世界への関係活動と、対人的世界へ

の関係活動は交絡する。対物世界への関係活動は、決して対人的世界への関係活動から切断されえない。対物活動の中には、対人活動が既に内化されているといえる。「人の発達においては、物との関係ですら、人との関係ぬきにそれだけで成立することはない」（浜田 1994：292）、つまり周囲の世界との関係性の原基、あるいは基盤として、他者関係が先行しているというのである。浜田はいう。「ワロンによれば、互いの姿勢・情動の身体表現を通して共有の世界を築くところから表象の世界が生み出される。初期の姿勢・情動の働きが共同の表象の根となり、言語を生み出し、これが思考の世界を担っていくというのである」（浜田 1994：292）。

　ピアジェは、主体形成を、個人による対物的活動による過程を軸にして捉えようとした。それに対してワロンは、「対人的な関わりのなかに主体形成を位置づけ、それを対物的な適応行動とは別の基本軸に分けている点が、まずピアジェと異なる点」（浜田 1994：253）であったと浜田はみる。ワロンは、対人的関係と対物的関係の両系から人間形成を見るが、両系はつねに対称的であるわけではない。「発達上のどの時期においても、対物的関係と対人的関係のいずれもがなんらかのかたちで機能せねばならない。ただ、ワロンによれば時期によって、そのどちらが優勢になるかに一定の流れがあるのだという」（浜田 1994：254）。

　それに対して、ピアジェの焦点は、論理的・科学的思考の発達過程にあり、その一方で情緒的・芸術的思考世界は等閑視されているという。「ピアジェにおいては、論理的、科学的な概念操作が理論の軸になって、それ以外の観念世界は、結局のところ、そこから排除されるべき不純物として、最初から位置づけられているようにみえる」（浜田 1994：259）。

　その一方、ワロンは、子どもたちの思考世界を、論理性・科学性からはみ出た部分も含めて捉え、その曖昧性のなかから、論理的・科学的思考が萌芽してくるその機序を捉えようとする。「ワロンのばあいには、子どもたちが繰り広げる観念の世界を、その曖昧さのままに幅広く捉え、そこから論理的科学的な思考が浮かび上がってくるさまを忠実に描き出そうとする姿勢が顕著である」

（浜田 1994：260）。つまり、ピアジェの方法論が「論理的」「遡行的」である
のに対して、ワロンのそれは「歴史学的」「順行的」であるといえるであろう
（浜田 1994：260）。

3．交絡する認知と情動の発達

　浜田によれば、ピアジェの理論構成においては認知的側面と情意的側面が乖
離しており、両者の関連が失認されている。「ピアジェの記述が、子どもの活
動全体のなかの認知面に限られてしまっていて、認知的シェマの展開のみで
自己完結的な体系をなすかのように考えられている」（浜田 1984：228）。ピア
ジェにおいては、あくまで認知発達が第一位を占めるのであり、情動発達は
それに付随する過程として二次的に捉えられるにすぎなかったという。「ピア
ジェの理論が認知一元論的で、情動を問題にするときにも、せいぜい認知－情
動の並行論を提示するにとどまった」（浜田 1994：278）。ピアジェは、認知と
情意との関係を「有機的につなぎあわせることには失敗」したと浜田は断ずる
（浜田 1984：228）。

　ピアジェにとっては「人間の行動において、認知が構造として、情意がエネ
ルギーとして働くのだという主張」が維持される。しかし、「エネルギーは量
でしかない以上、そこに発達段階として語れるような質的展開は考えることが
できない」はずであるから（浜田 1984：228）、情意を「エネルギー調整の機
能として捉え」ることになった（浜田 1984：229）。情意は、認知を駆動する
下位の、量的な概念としてのみ位置づけられたというのである。両者は関連し
合うが、あくまで両者は並行的に発達するのであり、交絡しあうことのない別
の過程を辿るとみなされている。「ピアジェのもっとも説きたいところは、認
知と情意、あるいは構造とエネルギー調整とがあくまで並行的に発達し、各段
階においては、両者は互いに相補しあうという点」（浜田 1984：230）だった
という。ここにおいては、認知と情意の「相補」性はあるべき状態として、常
に現れているかのように捉えられている。しかし、認知と情意はつねに予定調

和するのであろうか。ピアジェはなぜ、両者の「拮抗」を捉えそこねたのかと浜田は問いかける（浜田 1984：249）。

　浜田によれば、認知と情意の「相補」はつねに「個体能力論の枠組のなかでのこと」として、ピアジェには捉えられていた。実際に「子どもが認知や情意の能力でもって、個々にどういう生活世界を作りあげるか」は問題として取り上げられはしない（浜田 1984：248）。認知や情動の発達は、生活世界に関与し、それを変容させていく外向きの過程でもあるはずである。認知と情動の「拮抗現象は、関係力動論の視点」なくしては捉えられない（浜田 1984：249）。つまり、認知と情動が、外向きの過程を辿るとき、周囲世界との間にいかなる関係を取り結ぶのかという点を欠いては、両者の発達を捉えていくことができない。

　それに対してワロンは、人間の行動のパターンを、「外界の刺激情報を感受して、その外界に関係すべく筋肉を用いて移動運動を行ない、外界を変え、あるいは外界との関係を変えるもの」である「外界に対する関係的適応的活動」と、「外のものへの関係」と、外界の刺激を受けつつも、「自分自身のあり様（姿勢、態度）を変えるというもの」である「自己内界における臓器的姿勢的活動」、「自己への関係」に分けたという（浜田 1984：250f.）。ワロンにおいては、認知と情動は相いれないものとして単純に二項対立させられてはいない。認知と情動の拮抗は、外界への関係と自己への関係の拮抗として捉えられているのである（浜田 1984：252）。

　自己への関係としての情動は、本質的に、身体的な力動であるという。「情動的関係は、外界の状況に対して、自己身体を塑型する姿勢的臓器的活動」に属している。情動はまさに「自己内的な関係」である（浜田 1984：258）。しかし、この内向的な機能としての情動的関係が、「他者との交わりを支える働き」をも同時にもつ。情動によって変化した自己の身体の姿勢は、たやすく他者へと伝播していくからである（浜田 1984：258）。そして、このような情動的な他者への関係の開けは、ワロンのいうように「姿勢・情動が人間の内面を巻き込み、同時に身体の表現として他者をも巻き込む活動」である（浜田

1994 : 277)。

　「いついかなるときであろうと身体は、その身体のおかれている状態を如実に表」すという点において、「身体というのは一つの表現体」にほかならない（浜田 1995：255）。「表象の根は姿勢・情動の動きにある」（浜田 1994：275）と彼がいうとき、姿勢・情動の座であり媒体である身体こそが、表象の原基をなしているといえよう。そして、この身体という表現の交錯の中で、自己、すなわち浜田のいう〈わたし〉は生成してくる。浜田はいう。「目に見え、声に聞こえ、手に触れられる他者の身体に囲まれて、そこからの能動の発散を我が身に受動する。その受動性の嵐のなかで、そこから逆に照らし出されるようにして私の〈わたし〉は生まれる」。つまり、身体による交感の中で生じ維持される〈わたし〉は、根源的に能動的でありつつ受動的であるという両義性を有している。「〈わたし〉の発生の土俵は、自他の身体が能動−受動をやりとりするこの場にある」（浜田 2009：38）。

　一方のピアジェは認知能力を、物と関わる能力として捉えてしまった。しかし、子どもが物と関わるようになっていくプロセスは、「自己との関わり、他者との交わりとの三つどもえ」として現れてくる「力動的」なものである（浜田 1984：254）。ピアジェにおける認知能力が対物的な適応の中で発達していく単線的なモデルによって捉えられていたとしたなら、「ワロンの理論は認知（対物的な適応）と情動（対人を軸にした主体形成）が相互に絡まり合いながら進行する過程を見ようとする」ような、「複線的」なモデル（浜田 1994：278）であったという。ただ、乳幼児の生活を見れば明らかなように、対物的な活動は決して大きなウェイトを占めることはない。「そもそも対物的な感覚運動的活動自体が、一歳くらいまでの赤ちゃんの生活世界の全幅のなかで見たとき、そのわずかの部分を担うにすぎず、その時期の主軸はあくまで対人的な姿勢・情動にある。とすれば、コミュニケーションとしての言葉の生まれてくる母胎は対物的な記号理解ではなく、まさにこの対人的なコミュニケーションにあると考えるべきである」（浜田 1994：273）。

　浜田にとって、人間の身体は、同型性と相補性という二重の意味での「本源

的共同性」（浜田 1999：107）を有するものであった。「同型性というのは、出会った身体どうしがたがいに同じような姿形をとってしまうという現象」であり、その具体的な現れとしては、「相手の身体の姿勢・運動に対して自分の身体が無意識的に感応して、知らぬ間に同じ姿勢をとってしまう場合」や意図的な「模倣」が含まれる（浜田 1999：107）。一方の「相補性は、身体と身体が出会ったとき、相手の身体が自分に向けて能動的に働きかけてくるその働きを受けとめ（つまり受動）、また自分が相手の身体に向けて能動的に働きかけたとき、その働きかけを受けとめる（受動）ことを見てとること」（浜田 1999：107）である。

4．個体論から全体論へのパラダイム転換

　浜田は、「部分の意味の如何は、全体との関係によって決まってくるのであって、部分はそれ自体で意味をもつのではない」というゲシュタルト心理学の前提を受け入れた上で（浜田 1983a：174）、これを人間論に導入しようとする。部分の集合、あるいは部分の総和として全体が現れるのではないという全体論に浜田は立つ。「人間のどういう部分事象を扱う場合にも、そこでは常に、人間というものについての全体的理解が前提されていなければならない。全体を理解するためには部分を究明せねばならないが、他方で、部分を十全に究明するためには全体が理解されていなければならない」（浜田 1983a：175）。全体というのは部分に対して意味的に先行する。つまり、全体の意味に対する理解があって初めて、部分の意味の理解が可能になる。

　この全体−個体のテーゼを人間論へと翻案すれば、次のようになろう。「人間は、単に個人としてあるのではなく、まさに関係的であり状況的である」。浜田によれば人間は「単に時計的時間の上を生きているのではなく、過去−現在−未来の人間的時間を生きている」のであり、「ひたすら時間の流れの中を変化しつづけるのではなく、人間としての不変の条件を負うて生きている」。「単に一定の方向性にそって完態に向かっているのではなく、生死のあわいの

このいまを生きてもいる」というような、状況的かつ力動的な「人間」に対する理解を目指すのが浜田が構想する心理学であり、その基盤としての人間学である（浜田 1983a：194f.）。ところが、ここでまたしてもピアジェが槍玉に挙げられ、ピアジェにおいては関係・状況を編み上げる経糸である時間や空間もまた、主体としての個体の外部に疎外されてしまっているという。「ピアジェ、あるいは彼に代表される発達心理学者たちにおいては、空間・時間もまた、事物・事象と同じように、もっぱら認識の対象でしかない。つまり、事物・事象とそれを枠づける空間・時間は、いわば主体の前にあって、主体はもっぱらそれを主体的に認識し、操作するという構図になっている」。ピアジェにおける人間は、「事物・事象との関係にあって、空間の場、時間の流れをそのただなかで生きるということがない」（浜田 1983c：168）。それに対していえば、浜田がイメージする「人間」は、時空間の「流れ」の中に揺蕩う存在だということになろう。

　人間が世界という全体性に包含されているだけでなく、人間存在そのものが全体性であるというのが浜田の人間観である。浜田によれば、人間の全体性は「生活主体」であることから来ている。「人間はみな、ひとりの生活主体として、常に全体的である」（浜田 1983b：160）。ここで浜田が述べていることは、「生活」を部分の総和と考えることはできないということであり、「生活」を部分に分解することもできないということである。

　しかしながら、全体論的視点の内在化に、発達心理学は現在までのところ成功していない。「事実は単に事実それ自体としてあるのではなく、その事実のおかれた枠組み全体によって意味づけられる。この場合、発達心理学の枠組みが、人間の生活の枠組みと合致しているならば、発達心理学の知見が、そのまま人間理解につながっていくのかもしれないが、両者のあいだにずれがあれば、そううまくはいかない」（浜田 1983a：178f.）。発達心理学の「制度化」によって、人間の「生活」と発達心理学との間のズレは大きくなってきているという懸念（浜田 1983a：179）を、彼は顕わにする。

　「生活」を把捉するために全体論的視座が求められるのは、「生活」がつねに

関係的な営みとして展開されているからである。浜田は、「生活」における関係を、つねに力動的なものとして、あるいは変動的なものとしてダイナミックに捉えようと試みる。関係は決して固着しない。「個体が個体として成り立つのは、個体が自分の外に個体以外のなにかをもち、それらとの関係が個体をかこむ場や時の中で展開されるからなのである。そこに、関係を独自のものとしてその力動においてとらえるという視点が登場する」（浜田 1983b：161）。

　関係というのは、浜田においては方法論的な概念であると同時に、存在論的な概念でもある。浜田にとって、関係というのはつねに具体的・実践的・生活的な意味を有しているのであり、関係は抽象化や匿名化を頑なに拒む具体性をその本質としているという。「関係といったときに、私たちが念頭においているのは、一般に、周囲の人や物との直接的な関係である。この直接的な関係の外には、それを包むもっと大きな状況（社会）があって、関係の在り方自体を左右している」。ところが「状況は単に子どもから離れてまったくその外にある」というのではなく、さらに「子どもはこの状況に左右されるだけでなく、自ら状況に入り込み、状況をつくり上げ、支えてもいる」。つまり「個体も関係も、この状況の部分としてあることを確認せねばならない」（浜田 1983b：161）。この、より大きな環境を、発達心理学は対象から外してきたと浜田は断ずる。

　浜田は、関係が個体に先行するというテーゼ、「人は単独の個体としてその人生をはじめるのではなく、最初から他者の存在を予定したかたちで生まれ出、他者との振る舞いのやりとりのなかで育つ」という人間観（浜田 2009：50）を一貫して維持してきた。「人は本来、関係的な存在であって、個体はむしろこの関係的なあり方の中から徐々に目覚めてくるもの」（浜田 1983b：168f.）だという人間観は、彼にとって根本的なものであった。関係は自己に先行するのであり、自己が関係に内属する以上、自己は常に能動的であると同時に受動的でもあるという両義的な状態に置かれる。「自己とは本来、他者とのやりとり関係の中で、する－されるという〈能動－受動〉の関係構造の上に、はじめて形成されるもの」（浜田 1983b：176f.）なのである。

それゆえ、浜田にとって、能力は常に外界との関係の中で発現する。これは、能力が自律した個体の内部において成熟を遂げるというような「個体能力論」への批判から来ている（浜田 2009：55）。個体能力論とは、「個体を単位とする能力が、ほんらいそれとセットとなるべき生活から離れて、それ自体の多寡を測られ、その獲得・蓄積が問題になってしまう」という能力観（浜田 2009：55）である。「個体」としての「方向性」を有する「変化」のみを見ようとする「科学的発達心理学」の前提となっている観念である（浜田 1983a：178）。

　そして、「個体能力の発達に焦点をおく見方は、つねに子どもを外から評価」する視点を生じさせる（岡本・浜田 1995：174）。「外からの評価」を行うとき、つまり「発達を他者の視点から見るとき、そこでは発達の過程をその内側から生きているはずの子ども自身の視点を置き忘れることになりはしないか」（岡本・浜田 1995：175）と浜田は危惧する。というのも、「個体の能力は本来、外界との関係の中で発揮されるものであって、個体能力はもともと外界との関係抜きに語れないもの」（浜田 1983b：169）であり、「能力は個体内部では完結しない」ということ、「能力はその対たる環世界のかかわりにおいてはじめて意味をもつ」（浜田 2009：47）ということを見落としてしまうからである。つまり、人間の本源的存在態様としての「共同性」を付随的な位置に貶めてしまうのである（岡本・浜田 1995：172）。

　浜田は、「個体」が存在していないなどと言っているのではない。個体を、孤立した、自存的な存在でありつづけられるとする原子論的な発想を退けているだけである。個体はつねに他の個体と関係づけられているし、個体的な存在であることを乗り越えてしまっている。そして、そのことを捉える関係論的視点が、発達心理学においても必要とされると考えているのである。ところが、発達心理学の能力観にも現れているように、そこには世界観の多元的広がりが欠けている。「今日の多くの心理学者たちは、能力自体に目を向けるのみで、子どもが、あるいはその人間がその能力でもって展開し構築する世界にはほとんど目を向けない」（浜田 1983a：177）ことに浜田は強い不満を表す。「ピア

ジェなどの説く知能発達段階なども、結局、それは能力の表示であって、能力でつくり上げる生活世界の記述ではない」（浜田 1983a：177）といわざるをえない。

そうではなくて、主体は環境とつねに関係を結びあう。そのためには、環境にも主体に働きかける能動性を見てとらなければならない。既存の発達心理学においては、能動性はもっぱら起点としての主体に据えられていて、「環境が能動的なものとして考えられていない」。「相手の側の主体性を認めない」という「独我論」の残滓がそこにはある（浜田 1983b：176）。

主体は能動的であると同時に受動的である。主体が能動性の層しか有しないのであれば、主体と対立する世界、あるいは環境は、その能動性に対する受動性の層においてのみ捉えられることになってしまう。「もっぱら能動的な契機しかもたない主体は、いわば一つの点で表示できるような抽象的なものでしかないが、それに対して、受動性は、生身の身体の存在を前提とする」（浜田 1983b：177）。つまり、主体は身体として存在しているということにおいて、身体は環境の中に位置し、環境にとっての受動的存在でもあるということである。

5．発達心理学の前提としての人間観のアップデート

以上のように、浜田は、既存の発達心理学の基盤としての人間学を関係論的に転換させることによって、子どもの「生活」という具体相を起点とする独自の人間学的心理学の構築を試みてきた。関係論的人間学ともいうべき浜田の人間観は、抽象化・匿名化された個体論的な既存研究の相対化に貢献しうる内容を有しているだろう（例えば、障害児保育研究に携わった大場幸夫（大場 2012：143）は、保育の場における子どもと保育者との間の関係的特質とは、傷ついたとき、あるいは「痛み」を感じたときに、それに共感してくれる他者を求めることであるとした上で、個体の「弱さ」や「無力さ」の共有こそが、関係性の起点ないし核心をなすと言い、この発想を浜田から得たと述べてい

る）。

　執拗に感じられるほどの浜田によるピアジェ批判は、あくまでピアジェの認知発達研究を、人間学として仮構したものに対して浴びせられたものであり、必ずしも学説史研究として提示されたものではない。浜田は、個体論的・認知能力偏重のピアジェ的パラダイムに対して、関係論的・コミュニケーション的存在性を重視するワロン的パラダイムを対照させることで、発達心理学が暗黙の裡に前提としている人間観のスペクトラムを明らかにしようとすることを企図したのだと思われる。過度に二項対立的な印象を与える浜田の叙述は、発達心理学の前提とする不可視の人間観が存在すること、そしてその人間観が、客観科学であることを標榜してきたはずの発達心理学の知見を、特殊な言説として方向づけてしまうことを浮き彫りにするための、いわば方法であったとみることができよう。

文献

ウェルナー・カプラン（1974）『シンボルの形成：言葉と表現への有機‒発達論的アプローチ』鯨岡峻・浜田寿美男訳、ミネルヴァ書房

大場幸夫（2012）『保育臨床論特講：大場幸夫遺稿講義録』萌文書林

岡本夏木・浜田寿美男（1995）『発達心理学入門』岩波書店

浜田寿美男（1978）「ピアジェの発達理論の展開：問題の所在」ピアジェ『知能の誕生』谷村覚・浜田寿美男訳、ミネルヴァ書房

浜田寿美男（1983a）「人間理解と発達心理学（一）」『児童心理』37、（8）

浜田寿美男（1983b）「人間理解と発達心理学（二）」『児童心理』37、（9）

浜田寿美男（1983c）「人間理解と発達心理学（三）」『児童心理』37、（10）

浜田寿美男（1984）「生活世界のふくらみはどのようにして芽ばえてくるのか」浜田寿美男・山口俊郎『子どもの生活世界のはじまり』ミネルヴァ書房

浜田寿美男（1993）『発達心理学再考のための序説』ミネルヴァ書房

浜田寿美男（1994）『ピアジェとワロン：個的発想と類的発想』ミネルヴァ書房

浜田寿美男（1995）『意味から言葉へ：物語の生まれるまえに』ミネルヴァ書房

浜田寿美男（1999）『「私」とは何か：ことばと身体の出会い』講談社

浜田寿美男（2002）『身体から表象へ』ミネルヴァ書房

浜田寿美男（2005）『「私」をめぐる冒険：「私」が「私」であることが揺らぐ場所から』洋泉社

浜田寿美男（2009）『子ども学序説：変わる子ども、変わらぬ子ども』岩波書店

浜田寿美男編著（1992）『「私」というもののなりたち：自我形成論のこころみ』ミネルヴァ書房

ワロン（1983）『身体・自我・社会：子どものうけとる世界と子どもの働きかける世界』浜田寿美男訳編、ミネルヴァ書房

第4章

〈共生〉する子ども

―津守真―

1. 現象学的コスモロジー

　本章では、発達心理学者・保育学者であった津守真が構想した「子ども学」における子ども理解の方法論、すなわち、保育者である大人が子どもを理解するというアプローチを見てゆきたい。その際、まず、1970年代以降に、津守が自らの子ども観、保育観を構築していく中で、彼が強く親近感を抱いた現象学的教育学からの影響に着目する。その上で、現象学的教育学から「身体」を通して他者の内面へと接近するというアイデアを得た津守が、それをどのように共同的な子ども理解の方法論へと発展させたのかを明らかにしてゆく。

　津守は1926年東京に生まれ、1948年東京帝国大学文学部心理学科を卒業、1951年から2年間ミネソタ大学大学院に留学する。帰朝後お茶の水女子大学に就職し、同大在職中に、子どもの具体的な生活の姿から精神発達の様相を多面的にとらえようと試みる「乳幼児精神発達診断法」を公刊した（1961年）。1983年に同大を退職（その後名誉教授）、愛育養護学校校長に転じる（1995年まで在職）。愛育養護学校在職中は、校長として障害児（乳幼児ではなく、学齢児童・生徒）と交流して、その過程を「保育」と呼び、その体験を綿密な記録として発表する。それらはのちに『保育者の地平』（1997年）に集成された。2000年より、日本保育学会第5代会長を務め（2003年まで在任）、2018年に92歳で病没した。

　現在までのところ、津守の子ども理解の方法論的側面に着目した先行研究はほとんどない（近年、津守の保育方法論、特に保育実践における省察に関しては、西隆太朗による再検討がなされている（西 2016）。しかし、西が行ってい

るのは、保育実践に対して、保育者自身によって行われる省察に関する検討であり、子どもへの理解の方法についての検討ではない）。津守の方法論の変遷を追った数少ない先行研究として、鳥光美緒子らの論文がある（鳥光ほか1999）。しかし、鳥光らは、津守に賛同する立場から、彼の子ども理解が目指したものを記述するに留まり、津守の方法論の限界を示すには至っていない。山内（2007）は、津守の方法論に対して無批判に賛同することなく、津守の方法論のもつ「全人的・直観的」な性格を明らかにしているが、津守がそのような方法論を示すに至った思想的な影響については一切触れてはいない。本章は、津守の子ども理解の方法論が、現象学的教育学との対話の中で形成されていったこと、および、他者の行動の意味を解釈することを重視する現象学に基づいた子ども理解の方法論の到達点と課題を明らかにしてゆきたい。

　津守による一連の業績の性格に関して、しばしば指摘される点は、1950年代後半から70年代初頭にかけて、「科学的」「実証主義的研究」から、観察者の「主観的解釈」を重視する研究へのラディカルな転向がなされているということである（鳥光ほか1999：2）。ただ、その「転向」が、いかなる影響を受けたことによって成し遂げられたのか、それを明らかにするために、津守自身が残した手がかりは少ない（1970年代後半以降の津守の著作には、自らの思考の出典を示す注がめっきり減少している）。その中で、お茶の水女子大学で津守の研究指導を受けた浜口順子は、オランダの人間学的教育学との邂逅を、津守の「転向」にとっての重要な契機だと指摘している（浜口2000）。津守のオランダ人間学的教育学への接近は、ユトレヒト大学教育学部教授を務めていたエディット・フェルメール（Edith Vermeer）を介してなされた。彼女は、マルティヌス・ランゲフェルトの指導のもと博士論文を執筆し、ユトレヒト大学で教鞭をとった人物であった。

　津守とフェルメールの出逢いは1972年のことである（津守1997b）。モーリス・メルロ＝ポンティの研究からアカデミック・キャリアを出発させた彼女を通して、津守はランゲフェルトらのオランダ現象学に出逢う（1977年にはフェルメールの来日講演が実現したことに加え、1979年には、津守がオランダを

訪問するなど、両者の間において活発な交流が行われた）。1977年のお茶の水女子大学におけるフェルメールの講演「行動の意味と理解」は、津守によってコーディネートされ、その記録は津守自身によって邦訳・公表されている（フェルメール 1978）。その講演の中で、彼女は、児童画を例にとりながら、子どもの行動の「意味」を理解するための方法論について述べている。フェルメールは、子どもの示す「行動は意味なきものではありません」と述べたうえで、親だけでなく、子ども自身も、自らの行動の意味を理解することの重要性を訴える。例えば、児童画は、「子どもが自分自身を表現するものとして理解」される必要がある。子どもの行動の「意味」を理解しようとする点において、津守とフェルメールは共通していた。

　津守のフェルメール理解がどのようなものであったかは、彼がフェルメールの追悼文に引用した彼女の講演（1977年）の中から窺うことができる（津守1997b：32f.）。

　メルロ・ポンティは、現在の地点に立って、身体の中の感覚（無意識）から、上方の意識のレベルまでの縦の線を考えます。上方の意識のレベルから次第に自分の内側にずっと下がってくると、明瞭な意味は分からないけれども深いところの身体感覚がある。それがイマジネーションの源である。

　子どもは決して閉ざされた存在ではないし、我々おとなも閉ざされた存在ではありません。相互主観的に合致するものがあります。［…］表現されたものはその子ども自身の非合理なものに由来するので、非合理的な理解ができないと共通の理解にならない。これがつまり想像（イマジネーション）です。

　津守が引用した、二つのフェルメールの発言には、二つの要点が含まれている。
　第一に、意識の下部に、意味が定かではない身体感覚（メルロ＝ポンティはそれを「身体の眼（ボディ・アイ）」と呼ぶ）があり、それが想像力（イマジ

ネーション）の基盤をなしているという認識である。フェルメール自身は、この身体的な想像力について、「われわれは、ことばをもつ前に、物質を感じ、触れ、見ることにより、想像が生れ」ると述べている（フェルメール 1978：63）。

　そして第二に、子ども理解のためには、大人の側に非合理な想像が要求されるということである。この非合理性は、子どもの行動が、無意識の領域と関わりをもつために生じてくるとされる。フェルメールによれば、われわれはみな無意識の世界を持っているため、われわれが表現するものには、無意識が大きな働きをする（フェルメール 1978：59）。この無意識の働きは、言語には表出されないため、言語を超えた非合理的な想像によって理解が可能になる。「イメージの中にあるものを翻訳して現実世界のことばにすること」は、大変困難な試みであることを、彼女自身も認めている（フェルメール 1978：60）。この試みは、私たちが「子どもを、一人の内面をもった人間として理解しよう」とすることから始まるものであり、それは、子どもを、大人自身の「アナロギー」において捉えようとすることによって可能になるという（フェルメール 1978：62）。われわれ大人と子どもを、ある同一の地平上に置きなおすという認識上の前提がなければ、大人は子どもを、自身の「アナロギー」において認識することはできないであろう。このアナロジカルな想像力を、どのように産みだすかということが、フェルメールや津守にとっての次なる方法論的課題ということになる。

　フェルメールは、大人と子どもが互いを理解しあう方法を「想像 imagination」と呼んでいた（フェルメール 1978：63）。彼女によれば、「ことばをもつ前に、物質を感じ、触れ、見ること」により生じる想像によって、大人と子どもの間に「相互に理解可能な世界」が開かれる。

　フェルメールと津守は、大人と子どもが相互に理解可能な世界へと共にアプローチしようとした。フェルメールが「想像」と呼んだ大人と子どもの間の相互的な理解を、津守は、子どもとの共同の生活を通して行おうとする（津守 1987：192）。津守は、「他者の体験の内奥の真実に関心を寄せる私が、他者

の体験を理解するに至るのは、他者との共同の生活においてである。子どもの生活に参与することにおいて、子どもの世界は理解される」と述べる。津守にとっての、大人と子どもが相互に理解可能な世界へのアプローチとは、子どもとの共同の生活、実践を通してなされるものなのである。

2．子どもの行為のもつ「意味」の理解

　津守の保育研究における最大の焦点は、遊びを通した子どもの内面の解明にあった。ところが、津守が学問的営為を開始した1950年代には、アメリカで隆盛を迎えていた実験心理学の影響が日本へも及んでいた。津守は、この実証科学的な心理学への疑問を募らせていく。というのも、実験のために人為的に設定された場面では、実際の子どもの行動が、過去の行動や周囲の他者との関わりに対してどのような意味連関を持っているのかが理解できないと彼は考えたからである。実験心理学がそぎ落としたこの意味連関の相こそ、津守が遊び研究の中で探究しようとしたまさにそのものだったのである。50年代から70年代にかけての長い模索期・展開期を経て、津守は1970年代以降、子どもと生活を共にしながら、子どもの内面の意味世界への思索を深化させていくことになる。

　子どもの世界の意味の探究に乗り出す津守にとって、それに肉薄するためには、解釈はいかにして可能になるかという認識論的な検討は避けることができない。津守の関心は、大人にとっての意味と、子どもにとっての意味との隔たりへと向けられていた。「外側から見たものを羅列しただけでは、子どもの世界で何が起こっているのかわからない」（津守 1979：100）。とはいっても、子どもの内面だけに沈潜していこうとすることも、子ども理解の方法としては、一面的すぎると津守は考える。子どもの世界における意味への探究を目指す彼にとって、子どもの行為の意味と、その行為を産みだした意図との間には、強い関連があるものと見なされている。子どもの行為の意味を解釈するのが子ども自身ではない以上、子どもの行為の意味、子どもの意図と、それを解釈しよ

うとする大人の間には、つねに懸隔がある。津守にとっては、この隔たりを架橋するものが、行為する子どもと、それを解釈する大人とが共同で営む生活の場なのであった。

　津守によれば、ある現象からは、その背後に裏側を想定できる。その裏側が存在しなければ、現在見えている現象は存在しえないのだから、裏側こそが現象に先行しているということもできる。「子ども自身はそこで一体何を考えているのかという問いは、子どものことに本気でたずさわる者にとって、欠くことのできないものであると思う。それは、子ども自身の意識の中で、何を意図しているのかという問いではない。子どもが気づいている以上のことがそこにはふくまれている。子どもの行動の現象を通して、その奥にあるものをとらえ、それは何であるか考えることが必要なのである」（津守 1979：100）。「子ども自身の意識の中で、何を意図しているのか」を超えるもの、それは、「子どもが気づいている以上のこと」ということができる。それは、子ども自身の内面にありながら意識を逃れていくような無意識の領域と、他者と子どもが、子どもの行為の現象の奥にあるものを共有していること、という二つを意味していると考えることができる。

　意識に絡めとられない領域にまで視野を広げようとする津守は、子ども世界に対して、解釈的手法をとって接近することを試みながらも、その解釈から逃れ出るものへの感覚をつねに失うまいとする。それは、言葉をかえれば、意識や意図の奥にあるもの、現象の裏側へと遡って追求していこうとする姿勢を持ち続けるということにほかならない。そして、その現象の背後にある意味への遡行を、大人と子どもとの関係性に着目することによって、津守はなしとげようとするのである。

　「意味」は、津守によれば、他者と共有可能なものである。そのような、意味を他者と共有することが可能な状態を、津守は、「人間現象」と呼ぶ。彼にとって、保育は人間現象にほかならない（津守ほか 1999）。津守によれば、現象とは次のようなものである。「われわれは子どもの行動を対象として知覚するのみでなく、われわれ自身、心に感じるものをもってふれる。すなわち、現

象としてとらえている。子どもが心に感じるものと、われわれが心に感じるものとは、まったく同じとはいえないが、同型のものであり、共通のものを多くもっていると考える」(津守ほか 1999：24)。このように、津守における現象とは、他者との共有可能性に開かれているようなものとして捉えられているのである。

　現象が理解されうるのは、子どもを理解する側と、子どもが、共通のものを持っているからである。津守によれば、この共通のものは、「意識の底に没している原体験としての幼児期」である (津守 1977：168)。原体験としての自らの幼児期を媒介させながら子どもに触れることによって、万人は、子どもと共通の体験を得るのである。津守にとって「幼児は、人がだれでも関心をもつことのでき、心の中に共通のものを感じさせる存在である。その意味で幼児のことを考えることは、人間に共通の現象を考えることである」(津守 1977：167)。「心に感じるものはその大部分はわれわれにはかくされた、より根源的な世界の、茫漠とした意識としてあらわれた側面である」と津守がいうように、子どもと大人とに共通の現象の意味は、必ずしも明瞭に感じ取られるものではない。この茫洋とした「根源的な世界は、人間の心の世界に共通の傾向である」とも述べられる (津守ほか 1999：24)。しかしながら、ここで津守がいう共通のものとは、仮に文化的な解釈枠組みを共有していなかったとしても、自ずから、子どものことが理解されてしまうというような、相互理解のあり方を説明するものである。この子どものことが理解されてしまうという事態に至るには、「大人は、最初は努力を要するのだが、子どもの生活に参与することによって、子どもの時間を共有して体験することができる」。「この過程は徐々に進行し、突然、双方が互いに相手に対して開かれる。そのとき、子どもは自分の世界を生きはじめ、大人も、自分自身の底に、子どもの世界があったことに気づく」(津守 1997a：249)。体験の共有は、観察者である大人の内面の奥底に、子どもと共通の世界が存在していることに、意図せずに気づくことによってなされる。この気づきの過程は、あくまで子どもの世界への漸進的な接近として経験されるほかないものなのである。

3. 認識論的二元論の超克の試み

　津守が目指していたのは、主観的認識と客観的認識、および、内的認識と外的認識という、ふたつの二元論を超克することであった。そのために、津守が提示するのは、体験という概念である。この体験と対置される概念は、彼においては、「（客観的）観察」である。津守にとって、客観的観察とは、視覚と聴覚が優位にたつような認識である（津守 1979：101）。そこでは、眼、および耳に、感覚器官が限定されている。特定の感覚器官に依存する観察を超える認識として、津守が提示するのが体験である。津守によれば、「観察において、心に感じるものをもってとらえられるとき、観察は体験となる」。感覚器官による観察に、心に感じるものを加えたものが体験として捉えられる。この体験のあり方を記述することを目指す津守は、心に感じるものへの探究を進めていくことになる（津守ほか 1999：24）。ただし、津守のいう体験は無意識的なものをも含む。「体験は、意識されるものに限られない」のである（津守ほか1999：12）。

　それでは、体験を可能にする心に感じるものとは、津守にはどのように捉えられているのだろうか。「心に感ずるイメージは視覚・聴覚を主とするのではなく、触運動感覚を主とするものであって、したがって、身体的な動きを伴うときにあらわれやすい。子どもとともに動き、子どもとともに遊ぶとき、子どもの感じているイメージはよりよくとらえられる」（津守ほか 1999：24）。「心に感ずるイメージ」は、「触運動感覚」、あるいは体性感覚によって触発されるイメージであるという。それゆえに、「身体的な動き」を保育者がとるとき、子どもの「心に感ずるイメージ」に、保育者は肉薄し、共感することができる。「子どもと一緒に走り、手を動かし、体を動かすことにより、子どもと体験を共有することが、子どもの世界をとらえるのに役に立つ」（津守 1977：174f.）。

　津守の子どもへの視線は、まず、現在において共にある子どもとの体験に集中されることになる。津守において、保育体験とは、五感にもとづく観察に

よってではなく、体性感覚にもとづく体験、それも、子どもの生活に参与して
いくなかでの体験として捉えられているのである。このような姿勢の背後に
は、五感、すなわち特殊感覚よりも、体性感覚の方が人間の認識にとって根源
的だとする津守の思想がある。

　「子どもの世界で起こっていることの重要な点あるいは本質にふれるには、
おとなの側で、動きのイメージによってとらえることが必要」だと述べる津守
においては（津守 1977：174）、動きのイメージをもたらす体性感覚的、触覚
的体験と、静のイメージをもたらす特殊感覚的、視覚・聴覚的観察とが対立的
に捉えられている。前者の動きのイメージは、「言語化以前の精神機能」と強
く関わり、「視覚よりもむしろ、触運動感覚に負うところが大きい」という。

　津守は、特殊感覚にのみ限定された客観的観察の限界を指摘する。それと対
照をなすのは、子どもと同様の体験をすることによる観察である。保育者は、
子どもと身体運動を共にすることによって、共に身体感覚を味わい、分かち合
う（津守 1979：102）。この体験のなかで保育者は、自身の感じる力をはたら
かせているという点において、主観的だといわれる（津守 1979：105）。

　津守によれば、「保育においては、どの一つの部分も、全体との関連なしに
は考えられない」（津守ほか 1999：4）。保育という実践がもつ全体性、いい
かえればホリスティックな性格は、保育者もその全体性の中に巻き込まれるこ
とによって、初めて保育の理解が可能となるということを意味している。「保
育そのものは、生きて動いているので、かたわらにいる研究者の心も、生きた
感動をもってその保育にふれるときに、そこで起こっていることの内実にふれ
ることができる」（津守ほか 1999：5）。「生きた感動」をもって理解しえた保
育の意味は、主観的かつ共同的なものである。保育に対する「観察というの
は、観察者の一方的な作業ではなく、保育そのものが、観察者に向って迫って
くるものに出会うところに成り立つ」、いわば共同的な営みなのである（津守
ほか 1999：6）。この「迫ってくるもの」に出会う場面、いいかえれば、観察
者が吸引力を感じる場面は、子どもの内部に感動を伴った経験があった場面に
ほかならないと津守は考える。このことは、子どもの内的世界における感動

が、周囲の大人、すなわち観察者と、一定程度は共有することが可能であると彼が見なしていることを示している。

　津守にとっての観察者の基本姿勢は、そのままに見ることであり、予断を挟むことを慎重に避けなければならない。「保育観察における観察者は、そこで起こっていることを、できるだけそのままに見ることができるものであることを要する」（津守ほか 1999：8）。ただ、その見るということは、必ずしも視覚像によって子どもを捉えることに限定されるわけではないことは、既に述べたとおりである。

　それと同時に、観察者自身の子どもへの関わり体験をも、観察の中に取り込んでいくことが求められている。津守によれば、「従来、保育者が、子どもとの心のふれ合いの中でとらえてきた子どもの生活は、主観的といわれて排除される傾向」があった（津守 1979：199）。そのような排除は、観察者と保育者を截然と区別し、子どもとの直接的な交流がなされない距離をとることを、観察者に求めることから生み出されてきた。津守が再注目するよう促しているのは、実践の中における意味であり、それは、主観的な意味づけとも客観的な意味づけともいいがたい、共同的な場において、共なる身体感覚を媒介にして生成されるような意味なのである。

4．探究の対象としての子どもの内的世界

　上述のように、津守において、子どもと大人との間に編み上げられる共同的な場は、共同的な意味生成の場としても捉えられていた。それは、両者が分かちもつ世界に対する相互理解、および、その世界の共鳴や相互浸透によって成り立つ。

　津守は、1970年代以降、まず、子どもは意識的ではないが、保育者は意識的であるような領域に着目し、その次に、子どもは意識的だが、保育者は意識的でない領域へ、さらに、子どもも、保育者も意識的でない領域へと探究の対象を広げていく。

　津守のいう世界は、たんに物理的な空間のみを意味するものではない。世界は他者と共有することができるものであり、同時に、そこに共在することができるような場である。子どもの世界は、大人の世界と連続しており、子どもは決して異世界の存在ではない。

　とはいえ、個々の子どもの世界は、固有の場でもある。そのような、独自の意味連関によって編み上げられた子どもの個々の世界に肉薄するためには、津守は二つの条件を満たさなければならないと考える。第一に、自分には気づかれていない世界があることを、自分の中に認めることが必要とされる（津守 1979：108）。加えて、第二に、自分が自由に感じることのできるような、解放された心の状態を保つことが求められる。この二つの条件が満たされることによって、大人は、子どもの体験の内的な部分に肉薄していくことができる（津守 1979：173）。ここにおいて、体験が内的であるということは、他者との共感、あるいは共有する何ものかの存在を否定しないし、むしろ内的な体験は、そのような他者との交感の中で得られるものである。内的世界が、他者と通底していることに対する感受性をこそ、津守は重視するのである。津守の内的観察とは、子どもと共有される世界の内部において、共同して生きられる出来事についての観察である。

　津守は、観察には、外的なものと内的なものの二つがあると述べ、外的な観察を、客観性を目指すものだとしている（津守ほか 1999：7）。「発達を、外部から見られる行動の連続とみて、その外部にあらわれた行動相互の関連を明らかにするという課題は、科学的発達心理学の作り出した架空の課題ではないだろうか」（津守ほか 1999：11）と津守は問いかける。このような、子どもの行為の外部的表れのみに着目する子ども理解に対する批判意識は、1970年代以降の津守に、特に強く抱かれていたものである。

　「科学的発達心理学」的方法に対する津守の批判をめぐって、鳥光美緒子らは、観察者の側が、観察の信頼性を高めるために、詳細に時間を記録して区切ることによって、保育の中で起っている経過が無視され、大きな時間の流れの中の、断片が拾われることとなることを指摘している。このような、均一な時

間軸を想定した、いわば客観的な時間を、鳥光らは「外側の時間」と呼んでいる（鳥光ほか 1999：3）。これに対立するのは、日常生活の中での、子どもの遊びの連続性を重視した、子ども自身の内側の時間、子どもにとって主観的な時間ともいうべきものである。後者の内側の時間を、子どもと共に生きる者こそが津守にとっては保育者なのである。

　内側の時間に対する内的な観察とは、子どもの世界の隠された部分を知るための営みである。「子どもの行動は、あらわれたものがすべてではなく、あらわれていない世界の表現である」（津守 1979：105）。この世界を、津守は「「他」の世界」と呼び、保育者の側から見えているものは、あくまでその「周縁」であると述べる（津守 1979：107）。「他」の世界に属する子どもの行為の意味を観察することを、津守はなぜ内的だというのであろうか。それは、津守によれば、この「他」の世界とは、「人間の精神の原型」として、大人の精神の内奥にも共有されているものだからにほかならない（津守 1979：110）。「他」の世界は、こちら側からは、根本的にはわかりきることのできない世界である（津守 1979：107）。いいかえれば、「他」の世界は、未知であり、かつ言語化されにくい（津守 1979：109）。そのような領域を、大人は子どもと共有しているというのである。そのような未知の他なる領域の存在に気づくことは、大人の世界の常識を相対化させることにつながってゆくであろう。

文献

小川博久（2016）「保育を支えてきた理論と思想」日本保育学会編『保育学とは：問いと成り立ち』（保育学講座①）、東京大学出版会

津守真（1977）「おとなとこどもの接点：保育研究の方法について」本田和子・津守真共編『保育現象の文化論的展開：人間現象としての保育研究３』光生館

津守真（1979）『子ども学のはじまり』フレーベル館

津守真（1987）『子どもの世界をどう見るか：行為とその意味』NHKブックス

津守真（1997a）『保育者の地平：私的体験から普遍に向けて』ミネルヴァ書房

津守真（1997b）「私に現象学的教育学を教えてくれた人：エディット・フェルメール」

『幼児の教育』96、(2)

津守真・本田和子・松井とし・浜口順子 (1999)『人間現象としての保育研究』(増補版)、光生館

鳥光美緒子・北野幸子・山内紀幸・中坪史典・小山優子 (1999)「保育現実の分析のための方法論的検討：津守真における転回をめぐって」『幼年教育研究年報』21

西隆太朗 (2016)「津守眞の保育思想における省察」『保育学研究』54、(1)

西隆太朗 (2018)『子どもと出会う保育学：思想と実践の融合をめざして』ミネルヴァ書房

西隆太朗 (2021)「津守眞における保育記録：「心のあと」をたどって」『発達』42、(167)

浜口順子 (2000)「発達学としての津守理論」『発達』22、(88)

フェルメール (1978)「行動の意味の理解」津守真訳、『幼児の教育』77、(1)

山内紀幸 (2007)「自己言及する保育学：啓発からナラティヴへ」磯部裕子・山内紀幸『ナラティヴとしての保育学』(幼児教育知の探究1)、萌文書林

第5章

〈転生〉する子ども

―鎌田東二―

1. 日本的信仰の元型としての〈子ども〉へ

　本章では、民俗学者・宗教学者である鎌田東二が1980年代から2000年頃にかけて展開した子ども論である「翁童論<ruby>翁童<rt>おうどう</rt></ruby>論」を、その身体論・ライフサイクル論的側面に着目しながら読み解いてゆく（なお、近年鎌田は「哲学者」を自称している）。

　本章に先立って、鎌田の略歴を見ておこう。鎌田は1951年、徳島県に生まれた。1975年國學院大學文学部哲学科卒業、1980年同大学院文学研究科神道学専攻博士課程を単位取得満期退学している（2001年、「言霊思想の比較宗教学的研究」により、筑波大学より博士（文学）の学位を受ける）。國學院大學幼児教育専門学校、武蔵丘短期大学、京都造形芸術大学勤務を経て、2008年より京都大学こころの未来研究センター教授に就任、2016年に退任した。2022年現在、京都大学名誉教授、上智大学グリーフケア研究所特任教授である。

　鎌田の思索は、1960年代以降の西欧の現代思想のインパクトを受けつつも、その模倣に甘んじることなく、主に日本の宗教言説、神話・説話を対象としながら、その脱近代的なモメントを抽出しようとする動機によるものである。神道研究をベースとしながらも、その対象は多岐にわたるが、そのテクストはトポロジー、身体論という関心に導かれるものが多く見られるという傾向がある。更に加えて鎌田のテクストの特色を挙げるならば、それは現代思想の洗礼を受けた論者としては全く異様なほどの、単純明快さであろう。

　鎌田の「翁童論」の着想は1979年（あるいは1977年）に遡るという。それ以降の10年間に書かれた文章を集成して、1988年に『翁童論』第1巻が上梓さ

れ、同様の論集として1990年に第2巻が刊行されたものの、その後10年にわたって単行本としての刊行が中断し、2000年に至って第3巻、第4巻が立て続けに発表され、「翁童論」のプロジェクトは完結した。「翁童論」は、全4巻、計2400ページを超える壮大な分量を誇るシリーズである。しかしながら、各巻は様々な媒体に発表された既出の論考の集積として構成されており（さらに第3巻は1995年に発生したオウム真理教事件、1997年に発生した酒鬼薔薇事件の衝撃に触発された時論集となり、「翁童」のテーマは霞んでいる）、当然のことながら、内容の重複も多々見られ、全体を通して雑駁な印象は否めず、読後感は全く混沌としている。しかしながら、同一の伝説や挿話を繰り返し引用しながら、微細な変奏を加えつつ、相同の文章を折り重ねていく鎌田の筆法は、あたかも彼が魅了されてやまないミクロコスモスとマクロコスモスの相同というイメージ、密教の尊崇する金剛界曼荼羅におけるフラクタル性を無意識的に暗示しているかのようでもある。

　「翁童」という着想は、必ずしも鎌田のみに帰せられるものというわけではない。山折哲雄は、翁と童子は性を放擲した「身体の無性化」を共通点として有する「両性具有的水準」にある存在として位置づけ、生理的欲求の無化を試みる修行者の終局的存在性の中にその具現化を見ている（山折 1993 初出は1984年）。山折によれば、翁は「生と死の両界をごく自然に往還する遊行者」なのであり、その表情には「童子の無邪気な微笑と無垢の単純さ」が湛えられているとして、両者の相同性を強調している。しかしながら、山折はその根拠として、説話において翁と童子が共に登場する場面を紹介するのみに留まり、両者の存在論的な共通性が生じてきた由縁を明らかにすることをしていない。

　鎌田の「翁童論」の特色は、「翁童」を、複数の信仰に共有される「神仏イメージに対する信仰的伝承や了解のかたち」、「日本の宗教文化の中核に存在する神仏イメージもしくは人間像」として描出しようと試みていること（鎌田 1993：349）、すなわち「翁童」を信仰的了解の元型的・祖型的なイメージとして取り出そうと試みていることにあるといえる。

　鎌田の「翁童論」は、その重点が若干「翁」に傾斜している傾向は否めな

い。この傾向は、鎌田自身が、童子神に関する言及に比して、老翁神に関する関心が希薄であるという認識を有していることと関連しているだろう（鎌田 1993：359）。

　なお、鎌田の「翁童論」において、「媼」は不在である。翁童存在において、その無徴性が特色としてあげられたように、〈翁／媼〉という二項対立も、無性性を特徴とする翁童においては無効化されているということを鎌田は示唆したいのかもしれない。しかし、〈翁／媼〉の融合について鎌田は明言していない。あるいは、カール・ユングに示唆を受ける中で、翁童の媼的側面は、「グレート・マザー（太母）」の元型的イメージに絡め取られ、老賢人の元型的イメージが強く翁童に投射されたということなのかもしれない。

2．ライフサイクルの結節点としての「翁童」

　鎌田によれば、「翁童」とは「現実の老人と子どもに見えかくれし、彼らの聖性をときとして顕現させる神話的表象」（鎌田 1988：64）である。翁・童は、生と死を円環的に結ぶライフサイクルを念頭に置いたとき、「逆対応」する形で近接する。翁にとっての死は、童にとっての誕生である。「死は霊界における誕生であり、この世における誕生は霊界における死」（鎌田 1988：30）なのである。すなわち「現界の老人は霊界の子どもであり、現界の子どもは霊界の老人である」（鎌田 1988：30）。それゆえ、「誕生から死までのライフ・サイクルを見るとき、子どもと老人は、死としての誕生、および誕生としての死という逆対応の世代として位置しながら、そのスピリチュアルな次元との関わりにおいて相補的な協同性を示している」（鎌田 1988：75）。翁・童は、ライフサイクルの始点と終点の結び目として、縒り合わされた存在であるというのである。

　翁はつねに童であり、逆もまたしかりである。「翁＝老人は単に翁なのではなく、その存在性格の深奥に、すでに、つねに、童＝子どもを宿しつづけている。その反対に、童＝子どもは単に童なのではなく、その存在性格の深奥に、

すでに、つねに、翁＝老人を孕みつづけている。すなわち、翁は童を内在化し、童は翁を内在化しているということである」（鎌田 1990：426f.）。つまり、翁と童は、相互的に入れ子構造をなすという。「老人は「霊童」という未来の影を宿し、子どもは「霊翁」という過去の影を宿している。つまり、老人と子どもはその存在性格として「翁童」という性格を共有している」（鎌田 1988：30）。

　翁と童は、単にライフサイクル上の連環として結び合わされているというだけでなく、先祖－子孫という系列の上に共存する。鎌田は、柳田國男が提示する日本の民俗信仰としての「生まれかわり」に着目して、先祖は子孫であり、子孫は先祖であるという相同性があることを主張する。柳田の『先祖の話』によれば（柳田 2013）、仏教思想としての輪廻転生が入ってくる以前の日本における生まれかわりの思想は、①人間から人間への生まれかわりである、②生まれかわることで魂が若返る、③同一の氏族あるいは血筋の末裔として生まれかわる、という特徴があった（鎌田 1990：429f.）。すなわち、子孫は、先祖の生まれかわりであり、子孫＝先祖なのである。「「子孫」である今・ここの私たちこそがまことの「先祖」であり、子供とは「先祖」の変容した姿にほかならない」。それゆえ「子供を育てることが先祖供養なのだ」。「先祖崇拝は墓参りよりも、もっと具体的には幼児教育のなかに現われるはずなのだ」（鎌田 2000b：282）という主張に繋がっていく（それゆえ鎌田は「保育園や幼稚園などの幼児施設と、老人ホームや老人病院などの老人施設を一つに組み合わせるべきだ」と主張する。「子供と老人が地域に根ざし、ある意味で地域の氏神や産土神に一等近い存在であるゆえに、彼らはその地域のなかで憩い、交わり、生きることができなければならない」（鎌田 2000b：249）とされるのである）。

　子孫＝先祖という世代交代の観念は、「「先祖」が単に過去に存在するばかりではなく、未来にも存在する」（鎌田 1990：427）という発想、言い方を変えれば「「先祖」とは「子孫」であるという生命連鎖の事態」（鎌田 2000b：484）を確信するという態度を生むだろう。そこでは、当然ながら「先祖と子

孫は逆対応的に呼び交わし合っている対補的・互換的関係のうちにある」（鎌田 1990：427）と観念される。それゆえ、先祖崇拝は子孫崇拝を包含することになる。そのような先祖＝子孫崇拝という信仰は、「生命の連続性ないし循環性についての存在直観」に由来する（鎌田 1990：427）。先祖→子孫→先祖→子孫→先祖→子孫→先祖、という、終点をもたない円環的な連鎖は、あたかもメビウスの環のように、過去と未来が相互嵌入する世界観ないし時間観に基づいている。「「先祖」が単に過去に存在するばかりでなく、現在にも、未来にも存在する」（鎌田 2000b：484）というのである。先祖＝子孫という信仰は、「非線型的・円環的世界観」に基づく生命観であり、時間観である（鎌田 2001：101）。同様の指摘は、後述する精神分析家のユングも行っている。ユングによれば、幼児は「新しい子どもへの生まれ変り」である。それゆえに、「幼児は最初のものであるばかりではなく、最終のもの」でもあるという（鎌田 1988：76）。「最初」であり、かつ「最終」であるというパラドックス、あるいは円環。このような性格こそ、翁童のパラドクシカルな存在様態の核心を言いあてているといえるだろう。

　鎌田の中で「翁童」の原型的イマージュは、スタンリー・キューブリック監督の映画「2001年宇宙の旅」（1968年）における「星童」にあるという（鎌田 1988：64）。既に古典的位置を占めている本作の概略を再説する必要はないだろうが、本作のクライマックスでは、主人公である科学者ボーマンのただ独り搭乗する宇宙船が、木星の強力な重力場に絡め取られていく。急激な加速の中でボーマンの肉体は変成し、老化する。老衰し臨死状態のまま横臥するボーマンは、突如、宇宙空間に揺曳する胎児、「星童」へと転生する。この場面に触れて、鎌田は「胎児の顔は、目が人生の深淵をのぞき見た老人のように怜悧で、諦念にみちており、ひきしまった口唇のへりにはわずかな微笑がたたえられ」ていることに注目して、「老人と子どもの存在論的な同一性」を描出することに成功していると賞賛する（鎌田 1988：65f.）。蛇足ながら、このエンディングシーンは、オープニングと同様に、リヒャルト・シュトラウスの交響詩「ツァラトストラはかく語りき」の序奏が再び挿入され、本作の隠されたテー

マが〈永劫回帰〉であることが示唆される。シュトラウスが霊感を受けた同名のフリードリヒ・ニーチェによる作品における「小児」のイマージュは、この「星童」シーンとオーバーラップするものとして、鎌田には感受されたのであろう。

　鎌田は、ユングの元型論を援用しながら、翁・童の類似性を説明しようとする。ユングは論文「幼児元型の心理学のために」(ケレーニイ・ユング 1975)において、「幼児のなかに、意識と無意識との総合者、対立し合うものどうしの結合者、調停者、救済者の性格」を読み取っているという。「童子神や童子(幼児)元型は、円や球や輪という幾何学的表象と同様に、存在の全体性や完全性を表わす象徴形式である」とユングは見なしている (鎌田 1990：428)。幼児は「誕生以前と死後の無意識的不分明さを両翼として再生する者と考えられるゆえに「心的全体性」の体現者とされる」(鎌田 1990：429)。つまり、幼児が示す境界を溶解させる不分明な存在様態ゆえに、幼児は全体性の象徴となりうるというのである。ユングが念頭に置いている「全体性」とは、いうまでもなく無意識と意識の統合としての「自己」の総体性のことである。

　生死の境界に存することによる翁・童の両義性・不確定性は、現世界においては無力性として現れる。しかしながら、この無力性は、他界との霊媒として働くという。「あらゆる生き物のうちでもっとも無力な存在であるがゆえに幼児はもっとも強力な神霊の容器ともなる」(鎌田 1988：152) 可能性があるというのである。文化人類学でいう境界人や周縁の概念からすれば、「老人と子どもは生と死の境界に位置」する「異人的存在」にほかならない。「神や霊などの目に見えない異界の存在はこうした境界的かつ異人的存在者を媒体＝霊媒として、この世の秩序の中に仮現し、メッセージを送り込むのである」(鎌田 1988：174)。子どもと老人は共に「身体論的見地からは、過剰な身心変化が起きやすいために変性意識状態に参入しやす」く、かつライフ・サイクル論の見地からは、誕生と死に近接していることによって「自然としての身体」としての性格を露にしている (鎌田 1988：175)。翁・童に共有される剥き出しの身体性＝自然性が、容易な変性を持ち来たらす媒体となるというのである。翁・

童は共に、「身心の自己制御が十分にできないことからくる不安や、他者依存度の増大」（鎌田 1988：70）を特色とする。無力であり、変容しやすいゆえの完全性という逆説を翁童は有していると鎌田はいう。

　無力ゆえの完全性というパラドックスを指摘した上で鎌田はふたたびユングを引き、「完全なる人間」の表象を指摘し、その表象に翁・童が合致することを指摘している（鎌田 1988：143f.）。第一に、「完全なる人間」は両性具有者のイメージを有する。ユングによれば「子どもと老人がいずれも性を超越した無性ないし超性的存在として捉えられている」。第二に、老人のイメージがはらまれる。老人とは、「偉大な記憶と人生の知恵の持ち主」である。そして、第三に、子どものイメージが託される。「子どもの中には、すでに、少年少女も男女も老人も宿っている」という「巻物」のイメージであるという。ユングの挙げる「完全なる人間」の有する三つのイメージのいずれもが、「意識的な人格と無意識的な人格を統合した全体性を体現」している（鎌田 1988：153）。つまり、ユング心理学における自己の統合の象徴こそが翁童であるという。鎌田は、翁・童が「一様に相似的」、つまり翁どうし、童どうしが、互いによく似た存在であるという。それはつまり、翁・童は「個性、差異性を超えた、相似性、同一性の世界」に住していることの証であるというのだ（鎌田 1988：70）。

　鎌田はいう。「幼童は欠如であり、同時に過剰である。無力であると同時に、完全である。光と闇、善と悪、男と女、そうしたあらゆる二次的対立に再結合をもたらすもの、両性具有者である」（鎌田 1988：76）。この両義的・統合的特徴は、そのまま老翁にも該当するであろう。翁・童は共に、異性への強烈な欲望を有しない。「男女が全体性を獲得するために、互いの異性の他者を必要とするようには、老人と子どもはそれを実現するために異性の他者を必要とすることはない」。異性への欲望が、自己における欠乏の表れであるとするならば、異性への欲望の欠落は、翁・童の自存性、自己完結性を現わすものといえるのではないだろうか。すなわち、「老人と子どもはその単体自体で存在の完全性に近づくことが可能」（鎌田 1988：161）なのである。

3．翁童の反復的存在論が前提とする世界観

　鎌田は、翁・童の振る舞いの共通点として、「くり返し」、すなわち反復を好むことを挙げている。鎌田によれば、翁・童が「くり返す」のは、何より宇宙＝マクロコスモスと、人体＝ミクロコスモスが相互に反転する周期性なのであり、マクロコスモスへのミクロコスモスの順応性の高さゆえに「くり返し」は生起する。「くりかえしは、まず何よりも、天体と人体との照応をシンボライズする回転律ないし周期律のリズムからくる」（鎌田 1988：234）。つまり、「くり返し」は、円環的な時間観をもたらすのであり、くり返しを厭わないことは、翁童が「時計時間をもたない」こと、「均質時間を体験しない」ことの表れである（鎌田 1988：71）。鎌田によれば、幼年期、老年期においては共に時間感覚の溶融が生起する。「幼年期を過去にさかのぼればのぼるほど、また老化していけばいくほど記憶の全体像や輪郭、脈絡が不分明になっていく」（鎌田 1988：70）。そのことは言い方を変えれば、「小児は記憶の遠近法をもたない」ということであり、「記憶による世界の整序をなしとげない存在、想起することによって世界を永遠の眼の中に監視させることのない存在」としての翁童存在を示している（鎌田 1988：230）。時間的円環の中に永遠性を見てとる翁童にとって、反復は容易なことなのであろう。

　翁・童における「くり返し」は、生命の反復、「新生」の反復にほかならない。「くりかえしが崇高であるためには、つねにそのつど「忘却＝新生」が起こらなければならない。「忘却＝新生」の軽やかさに包まれた空間に初めてそのつど翁童存在が立ちあらわれるのである」（鎌田 1988：234）。

　ここで想起されるのは、ニーチェが「永劫回帰」の思想のイメージを子どもに仮託していることであろう。鎌田は、ニーチェの『ツァラトゥストラ』から、次のような一節を引用している（鎌田 1988：112）。

　小児は無垢であり、忘却である。新しい開始、遊戯、おのれの力で回る車輪、始原の運動、「然り」という聖なる発語である。[…] 創造という遊戯のためには、「然り」

という聖なる発語が必要である。そのとき精神はおのれの意欲を意欲する。世界を離れて、おのれの世界を獲得する。

絶え間なく「忘却」しつづけ、それゆえに「新しい開始」を間断なくくり返すというニーチェにおける子どもは、まさに反復＝「永劫回帰」を具現化し礼賛する存在にほかならないであろう。鎌田は言う。「注目したいのは、ニーチェが「小児」のうちに、無垢や新生や遊戯や始原のほかに、「忘却」と「然り」という聖なる肯定性を見ている点である。聖なる肯定性は、聖なる「忘却」と呼ぶほかない記憶の無垢＝無知に裏づけられている。だからこそその肯定「然り」は、つねに新しく、うむことのない遊戯ともなり、たえざる始原のかろやかな舞踏を舞ってやまないのである。くりかえしの崇高さとその秘密は、このような「忘却」と関係がある」（鎌田 1988：112f.）。忘却によって可能となる反復は、それゆえに、大いなる「肯定」の現われにほかならない。「ニーチェの「小児」は彼の「永劫回帰」の哲学の象徴であり、具現体でもあった。忘却しつつ創造し、あくことなく遊戯に明け暮れる「小児」にニーチェは、キリスト教的な線型的・終末論的進化論を解体する永遠の生命の相を見てとったのである」（鎌田 2000b：529f.）。反復する子どもの様相のうちに、間断のない生命の新生を鎌田＝ニーチェは見いだそうとしているのである。

翁童は、「くり返し」を、言葉を発することによって行動化している。反復は、言葉のくり返しとして、我々の眼前に演示される。翁・童は、共に「語る」存在であると鎌田は指摘する。翁童存在は、「語りの力」あるいは「言霊の力」を有するという（鎌田 1990：438）。その「語りの力」は、語りがくり返されることによって現勢化する。「繰り言」は、「民族的体験を集団的に継承し、共同体レヴェルでの死と再生を確認する」作業である（鎌田 1988：145）。神話をくり返し語る翁童は、その語りの反復によって、共同体の始原を絶え間なく再現し、共同体の新生と賦活に寄与する。

くり返し、果てしなく死に、生まれる存在。それゆえに永遠性を獲得する存在。それが翁童である。「物語る者はつねにアラ＝ワカ＝オキナの位相に立っ

ている。いいかえるとそれは死と生の境界に立っているということである。神
話や物語はその生と死の境界から語り出され、引き出され、紡ぎ出されてく
る。こうして、物語る者としての老人と子どもはくり返しを厭わない」（鎌田
1988：28）。

　くり返しの始点と終点の結節として、翁童は存在する。それゆえ、翁童はつ
ねに相補的であるということは既にみた。翁は、空無でありながら充溢体でも
ある童と相補的な関係を結びながら、伝承者として振る舞う。「老体は童体か
ら力を注ぎ入れられることを通して、子どもたちに言葉を伝え、神話や昔話や
歴史を伝えたのである」（鎌田 1988：148）。日本における説話を読み解くと、
「若神ないし幼童神をイニシエーションに導く物語に共通する説話構造は、叡
智と特殊な力を秘め持つ老翁神と力なき幼童神（あるいは未発の力を隠し持つ
若神）の出会いと交流、すなわち両者の力と英知の授受継承という結構」を有
していることが判明するという（鎌田 1990：439）。つまり、「苦難にみまわれ
た幼童神の異界遍歴の体験と、その遍歴の最終段階で老翁神より神秘的な力と
叡智を授けられる秘技伝承の体験が、このイニシエーションの物語の不可欠の
要素」（鎌田 1990：439）となっている。老翁神はいわば「導師的存在」（鎌田
1990：439）なのであるが、老翁神は、つねに幼童神と相補的な存在として表
象される。

　翁・童が、くり返し＝語りを力として有することができるのは、翁童が共に
現実世界の論理から遊離しているからにほかならない。「語りやくり返しの力
は、老人と子どもが、性と労働という人間生活における二つの基本的な生産行
為から疎遠で、自由な位置にいるところから由来するものだと考えられる。性
と労働はいずれも線形的で、因果律的な世界、すなわち現実世界を形づくる。
そこから自由な老人と子どもは、非線形的で、非因果律的なくり返しの死と再
生の循環を漂い、かくして、消費的・遊戯的性格をもつに至る。いいかえる
と、老人と子どもの身心は「からだ」が「たましい」の容れ物であり、乗り物
であるという意識状態に入りやすいということである」（鎌田 1988：28）。翁
童は、共に「容器」であり「乗物」である。そのことは、翁童が共に「空虚」

をはらみこんでいることを意味している。そして、翁・童は、その空虚・空無を霊媒として、宇宙に差し出すのである。翁・童の空虚・空無は、霊魂の純粋性の表れにほかならないのである。

　空虚＝純粋な翁・童は、それゆえに、現実世界の論理から解き放たれ、他界との交流が可能なのである。子どもと老人は「存在性の始原状態、すなわち純粋霊魂の状態に最も近づいた存在と考えられていた」（鎌田 1988：21）のであり、「異界の面影を宿した存在」であった（鎌田 1988：22）。「翁と童は、神界と人間界、超越世界と現実世界を媒介する神人的存在」であり、「神々や霊的存在は、老人や子どもの姿で、あるいは老人や子どもを「通路＝霊媒」として出現する」（鎌田 1988：23）。媒体としての翁・童は、肉体的にも、精神的にも、変移しやすい。翁童が、共に境界的・両義的な存在として共同体としての現実世界から遊離しやすい性格であると見なされてきたことについては既にみておいた。「村落共同体における子どもと老人の位相は、いいかえると、かれらが「神隠しに遇いやすい」不安定な身心をもつ存在だったということ」であり、「たやすく肉体から離陸し、遊離しやすい魂の持ち主が子どもであり、老人であると考えられていた」（鎌田 1988：21）。例えば、「老人と子どもの身体はつねに奇妙なほど「庭」に立ちたがる」（鎌田 1988：30）。「庭」とはまさに、現実世界と他界との境界域にほかならない。「庭に現われ出で、そして庭を立ち去る翁童。かれらにとって庭とは、神話と歴史がくり返し反転する存在の抜け穴、異界へと通じるタイムスポットだった」（鎌田 1988：30）。「夢と現実との境界が曖昧」な「庭」において、翁・童は他界と交感するのである（鎌田 1988：70）。

4．翁童に共通する肛門的身体性

　鎌田は、「口と肛門における反乱者」（鎌田 1988：209）であるところのスサノヲが、日本神話における「翁童存在」の原型的イメージ（鎌田 1988：75）であると述べる。スサノヲは、糞便を撒き散らしながら農耕的秩序を壊乱す

る一方で、遠路を彷徨し邪悪な地底的怪物を制圧するような両義的な存在である。スサノヲに表象されるような「異界訪問するマレビト＝アラヒトガミ」は、「生命を更新し、改め、新たに現わし、在れませる荒ぶる力」を有する。つまり、新＝荒＝改＝現は、いずれも「若」であるといえる（鎌田 1988：27）。鎌田が、「始原と終局の踏み板に両足をかけ、その間の虚空に糞便をふりかけ、その糞便がメタモルフォーゼした星々を両手でひきつかんで、満ち足りたほほえみを浮かべながら、その星々を口中に入れて噛みくだき、嚥下して、内宇宙を降下させ、やがて糞便として外宇宙に放下するもの、その者こそ、永遠の幼児にして永遠の老翁にほかならない」（鎌田 1988：202f.）と述べるとき、そのイメージにスサノヲが投影されていることを読みとるのは困難ではないであろう。

　糞便とは、まさしく身体の内外をわたる境界的・両義的な対象であった。文化人類学者メアリー・ダグラスが述べるように、両義的なものは「汚すもの」「危険なもの」（鎌田 1988：175）である。ところが、肛門から排泄される糞便が排斥・禁忌の対象となるのに対し、口唇から発せられる音声・言語が禁忌されることはない。ここには、身体の内外を境界づける部位としての肛門と口唇の間の、著しい対照が見いだせる。ここで鎌田は、作家稲垣足穂における「AOパイプ」としての身体イメージを参照しながら、肛門・口唇の対応について説く。稲垣における「AOパイプ」とは、人間の身体性を、口唇（O）から肛門（A）へと貫く管状のイメージにおいて捉えようとする概念である。

　他界に接するという意味で両義的であるはずの口唇は、「食物」を外界から摂取し、「言語」を外界へと吐出する部位であるが、汚穢として表象されることはなく、「言語」の発出によって「聖別」されさえする。これは、「口腔（O）の聖性付与」（鎌田 1988：176）ともいうことができよう。

　それに対して、肛門（A）は、排便と放屁によって外界と接触するが、聖別どころか汚穢・危険な部位として嫌悪される。糞便の「腐臭」は、死を暗示するものであるし、放屁は肛門（A）の笑いであるという点において、口腔（O）の言語・発話と象徴論的に対応しているという。つまり、〈喉＝声＝童〉とい

う「始原の極」は、〈肛門＝屁＝翁〉の「終局の極」と逆対応している（鎌田 1988：177）。つまり、「AOパイプ」としての人間の身体は、A＝始原からO＝終局へと貫通される中空的な構造を有するものとしてイメージされる。稲垣によれば、「肛門は異界への出入口であり、それは現界（地球世界）よりもむしろ霊界や宇宙世界に通じている」（鎌田 1988：177）という。つまり、肛門は、現界から異界へと通じる両義的な裂開だというのである。

　肛門と口唇を象徴論的に対照させたのは、ジュリア・クリステヴァでもある。鎌田はクリステヴァに言及しながら、「言語の獲得が「肛門性の除去」を前提とするものであってみれば、「舌語り」や語呂合わせにおける言語の線状性（線型性）の破壊は、確かに肛門性の回復であり、超自我＝記号象徴態に対する「昇華されない肛門性の戦い」を意味する」（鎌田 1988：199）という。

　口唇において肛門性を発揮させる行為として、鎌田は、子どもの言葉遊びを挙げる。「擬音語や擬態語などのオノマトペア、ありとあらゆる模倣、もじり、語呂合わせなどの言葉遊びは、人間の身体リズムにとっては、口唇＝肛門的快楽を引き起こすのである。ピチャピチャ、チューチューと母親の乳首を吸う愉悦と放屁や排便の愉悦は、あらゆる言語遊戯の身体基盤なのだ」（鎌田 1988：187）。口唇における肛門性の回帰としての言葉遊びは、「口からの脱糞行為」にほかならないというのである（鎌田 1988：200）。そして、鎌田によれば、クリステヴァは、このような肛門性の回復を「否定性を媒介にした破壊＝更新＝再組織化の営み」と捉えているという（鎌田 1988：201）。

　ここに、言葉遊びを愛好する子どもの特質が浮かび上がってくるであろう。鎌田は言う。「子どもほどA感覚的消息に敏感な者はいない。子どもがくりかえしを厭わないのは、くりかえしがつねに始原の体験になっているからであろう。くりかえしが習慣や権力へとコード化されていくことなく、つねに脱臼し、脱コード化する聖なる笑いに満ちたたえざる始原の反復になる。永遠の幼児とは、このような再生や更新の力を発揮する宇宙的反復の体現者である」（鎌田 1988：202）。A的感覚を愛好する子どもは、まさしく笑う存在なのであり、笑うことによって、慣習化された文化コードを壊乱し、更新させる新生を

実現する存在なのである。

　糞便を排泄する肛門性（Ａ）こそが、文化の再生と豊饒化を生じさせること
は、ミハイル・バフチンのカーニヴァル論の主要モチーフでもあった。バフチ
ンは、中世の祝祭に言及しながら、カーニヴァル的な場においては「Ａ的愉悦
がＯ的厳粛にかわって表面化する」とし、そこには「スカトロジックな哄笑」
が響き渡るという。「バフチンは、糞が再生と改新とにつながり、あるいは恐
怖の克服において主導的な役割を果たすとのべている」（鎌田 1988：192）。つ
まり、バフチンによれば、「糞は陽気な物質である」。糞は「生殖力、肥沃」と
濃厚な関連を有しているからだ（鎌田 1988：193）。糞尿の排泄は、「内界と外
界をパイプラインする宇宙的コミュニケーションの馥郁たるかたち」にほかな
らないのである（鎌田 1988：194）。バフチンのカーニヴァル的地平における
笑う主体は、まさにニーチェ的である。「ニーチェの信ずる神とは、軽さの霊
であり、かろやかに踊る神、笑う神である」（鎌田 1988：114）。ニーチェの空
想する「笑う神」の相貌を、翁・童において想像することは、私たちにとって
もはや困難なことではないはずである。

文献

稲垣足穂（2017）『少年愛の美学：Ａ感覚とＶ感覚』河出書房新社

鎌田東二（1988）『子どもと老人の精神誌：翁童論』新曜社

鎌田東二（1990）『老いと死のフォークロア：翁童論2』新曜社

鎌田東二（1993）「翁童信仰の研究成果と課題」鎌田東二編『翁童信仰』（民衆宗教史叢
　　書第27巻）、雄山閣出版

鎌田東二（1994）『身体の宇宙誌』講談社

鎌田東二（2000a）『エッジの思想：イニシエーションなき時代を生きぬくために：翁童
　　論Ⅲ』新曜社

鎌田東二（2000b）『翁童のコスモロジー：翁童論Ⅳ』新曜社

鎌田東二（2001）「翁童存在と現代文化の危機」『教育』51、（11）

鎌田東二企画・編（2015）『スピリチュアリティと教育』（講座スピリチュアル学第5

巻）、ビイング・ネット・プレス

クリステヴァ（1986）『ポリローグ』赤羽研三ほか訳、白水社

ケレーニイ・ユング（1975）『神話学入門』杉浦忠夫訳、晶文社

ダグラス（2009）『汚穢と禁忌』塚本利明訳、筑摩書房

ニーチェ（1967）『ツァラトゥストラはこう言った』（上）、氷上英廣訳、岩波書店

ニーチェ（1970）『ツァラトゥストラはこう言った』（下）、氷上英廣訳、岩波書店

バフチーン（1973）『フランソワ・ラブレーの作品と中世・ルネッサンスの民衆文化』
　　川端香男里訳、せりか書房

平井信義（1988）『子ども期と老年期：自伝的老人発達論』太郎次郎社

柳田国男（2013）『先祖の話』角川書店

山折哲雄（1993）「翁と童子：その身体論的時空」鎌田東二編『翁童信仰』（民衆宗教史
　　叢書第27巻）、雄山閣出版

第6章

〈懐疑〉する子ども

―谷川俊太郎―

1. 内奥に沈む〈子ども〉への遡行

　詩人・谷川俊太郎の地位は、もはや確固たるものである。それにも関わらず、彼の詩が、根源的な地平において、反－詩的な性格を持っているという事実に、私たちは驚かされる。彼自身、自分自身を「詩人」と定義することへのためらいを隠してこなかったし、詩の要素である「言葉」というものに対する、拭いがたい不信感を吐露することも一たびのことではなかった。谷川は、「詩人」でありながら、自らの営みの目的が「詩」そのものにはないと断言する。「詩において、私が本当に問題にしているのは、必ずしも詩ではないのだという一見奇妙な確信を、私はずっと持ち続けてきた。私にとって本当に問題なのは、生と言葉との関係なのだ」という谷川の姿勢は、一貫して維持されてきた（北川 1985：341）。

　それにもかかわらず、昨今の国語教科書には、谷川の詩作品が多く掲載される。自らを「詩人」と自己規定せず、さらには「言葉」というものを根本的に信じることすらもできない者の作品が、「国語教育」の「詩」の教材に選定される。そして、その「教科書」における谷川との出逢いが、多くの読者にとって、彼との初の邂逅となっているという事実を、どう捉えるべきなのか。例えば、詩人の渡邊十絲子は、中学校1年の頃、国語の教科書で出会った谷川の詩「生きる」が、中学生の当時は全く生活実感を喚起しえない「おとな向けのおしゃれな小品」であったために、ひどく当惑させられたことを告白している（渡邊 2013）。谷川の作品の教科書における取り上げられ方の無神経さを、渡邊はそこで批判しているのだが、そのことの当否はさておいても、1964年生ま

れの渡邊が、中学1年生であった1977年の段階では、既に「国民的な国語教養」の枠内に、谷川はその地歩を踏み固めつつあったのである。

　言葉なるもの、詩なるものへのもっとも根源的な懐疑を抱き続ける谷川が、近代公教育という言説装置を介することで、言葉なるもの、詩なるものの〈象徴〉とさえ見なされてしまうという皮肉。谷川の詩のもつ逃れがたい魅力は、このような二律背反性を許容するような、作品の多義性にあるように思われる。谷川の多義性とは、自らの詩を、何か別の大きな理念なり、思想なりの〈象徴〉としての位置づけを拒否していることから生じているように思われる。

　彼の詩が、社会への批判や警句としてあるというより、社会が社会たる所以のものを、無効化してしまうような異化の地平にあるということは、彼の作品を朗誦したことがある者であれば誰しも感ずることであろう。彼は、反戦詩は書かなかったし、革命詩も書かなかった。そして、これからも書かないであろう。このことは、おそらく、彼が作詩する際の、視座のとり方と関連している。その視座と、彼の作品史に通奏低音のように鳴り響く〈子ども〉というテーマとは、緊密に関わりあっているように思われるのである。

　谷川における〈子ども〉については、既に幾人かの論者によって言及がなされている。例えば、教育学者の佐藤学は、谷川が、「ことばあそびうた」や「わらべうた」など、子どもを対象とした創作を継続していることに触れたうえで、彼が〈子ども〉というものを「中心的な主題」としてきた理由の一つとして、「谷川自身が「子ども」として存在し、「子ども」として生きることをいとおしんでいる」ことがあるのではないかと指摘している（佐藤 2001：291）。彼は、自らの子ども期を振り返る（回顧する）のではない。大人として生きる谷川の中に沈潜し、つねに／すでに呼吸している〈子ども〉としての谷川。谷川の詩における元型的イメージとして、〈子ども〉は存在している（大塚 2001：16）。この胚胎されるものとしての〈子ども〉に着目することなくして、谷川の詩の地平へとアプローチすることは、ほとんど不可能であるかのように思われる。自らの内奥に〈子ども〉性を保ちつづけることは、日常世界を異化する〈子ども〉という他者の視点を失わないということでもあるだろう。

　〈子ども〉性の保持という、谷川におけるパーソナリティ特性は、彼の詩作品がもつ、一見してドライな印象を創り出すことに、深く与っているように思われるのである。

　既に述べたように、谷川が「反戦詩」や「革命詩」のような、安易な「政治性」を巧妙にすり抜けることによって、政治的なるものの記号や表象に対して、それと真っ向からぶつかり合って、自らをそれらの記号・表象との差異によって意味づけることをしてこなかったことは、おそらく、「戦争」に対する「反戦」、「反革命」に対する「革命」というような二項対立の地平上において、谷川が自らを位置づけることを、無意識的にではあれ、彼が回避してきたということを意味している。あからさまに言ってしまえば、「戦争」を行うのが「大人」であれば、それに対して「反戦」を突き付けるのもまた、「大人」なのである。谷川は、「戦争」を語るとき、それを横並びの目線によっては、いわば二項対立の軸の上においては、捉えようとはしない。彼は、「斜めの視点」に自らを据えようとする。その「斜に構えた視線」を、谷川は自らに胚胎する〈子ども〉性に仮託することによって獲得しようとしたのではないか。

　〈子ども〉としての谷川は、社会、政治に対して、斜睨みを開かせたり、冷笑を浴びせたり、皮肉をつぶやくことこそあれ、それらと正面切って、四つに組みあおうとはしない。この地平のズレにこそ、谷川の詩のもつ毒性と純粋性が潜んでいるように思われるのである。ただ、この「懐疑」としての〈子ども〉性を、谷川が意図的に詩作に含ませているわけではないであろう。というのも、谷川は、自分自身は「過去がない人」であるために、「子どもの時の自分にふっと」戻るような瞬間が「ほとんどない」と断言しているからである（見田ほか 1997：21）。谷川の詩作における〈子ども〉性の奔出は、ほとんど無意識のうちに、自動筆記のごとくなされるものである。彼は、次のように語っている。「完全に夢遊病的ですね。自分で何を書いているのか——。まさかほんとに口寄せみたいにやっているわけじゃないけど、ほとんどそれに近」い。「こういう子ども像を書こうという意識はほとんどないですね。言葉に引っ張られているだけで」（見田ほか 1997：187）。

谷川自身が、自らの〈子ども〉性の由来や、その特質に自覚的でない以上、私たち読者は、彼の〈子ども〉観を探り当てるにあたって、谷川自身の〈子ども〉に関する明示的な語りを、決定的な拠り所とすることはできないであろう。谷川の作品群をテクストとして捉え、その中で語られ、展開される〈子ども〉にまつわるイマージュを、丹念に取り出し、それをいくつかのテーマに沿って、再構成していくことが求められる。本章では、そのような一見して迂遠な作業を通して、谷川俊太郎において、〈子ども〉であること、〈子ども〉になることと、〈子ども〉を語ること、〈子ども〉と語ることが、いかに関連づけられているかの一端を明らかにするための考察を行ってゆきたい。

　本章では、西平直の区分に依拠して、「大人が自分とは異なる者として子どもを見る、というときの大人と区別される子ども」をchild、「その大人もかつては子どもであったという時の、いわば大人の中の子ども」をchildhood（幼児期）として、便宜上区別しておきたい（西平 1993：99）。というのも、谷川は、次のように述べ、西平のいうchildhoodが、childへの眼差しを遮ってしまう危険性を指摘しているからだ（谷川 1993：121）。「いわゆる児童むけの詩の多くにある詩情はおとな自身の子ども時代への郷愁に支えられていて、それらは子どもの現実をあきらかにするよりはむしろ隠蔽する」。「詩に至るためにはおとなは時に内なる子どもをみつめなければならない。抑圧され、管理され、虚飾にみちたおとなの仮面をみずから剥ぎとる勇気をもたねばならない」。

　しかしながら、そのような「勇気」は、先に述べたように、自らの幼児期、childhoodに対する回顧や郷愁に突き動かされるものであってはならない。自らの中に、大人と区別される子ども、childをえぐり出し、それに言葉を与えていくという、地道な営みが求められる。自らの中のchildを発見し、それを賦活することは、言葉によって成し遂げられる。大人が使う「説明」「解釈」としての言葉ではない、別の「言葉」によってである。しかし、ともすると、自らのうちの子どもを掬い上げようとする言葉が、大人の言葉に絡めとられてしまう危険性が頭をもたげてくる。この危険性を呼びさますのが、先に述べたchildhoodへの「郷愁」であろう。

　谷川の子どもをテーマとした詩の中には、自らの幼児期を回顧するものがきわめて少ないことに、私たちは気づかされる。それは、childhoodへの誘惑を振り切り、自らの裡に潜むchildとの対話への扉を開こうとする、谷川自身の姿勢の表れともいえるのではないだろうか。

　以下においては、時系列を追って、谷川の作品史を追い、彼の詩作において登場する〈子ども〉像の変遷をみる。その中で、彼の〈子ども〉像の類型化を試み、彼の中における〈子ども〉性の実相、言い方を変えれば、〈子ども〉という「元型<ruby>アーキタイプ</ruby>」の様相に迫っていくことを試みたい（なお、谷川の詩作品に関しては、『谷川俊太郎全詩集：CD-ROM』（岩波書店、2000年）を参照した。当該詩集の「索引」には、〈子ども〉というカテゴリーが立てられている）。

2．初期の谷川における〈青年〉と〈孤独〉

　1931年の東京に、哲学者谷川徹三の子として生まれた谷川俊太郎の詩壇へのデヴューは、1952年における詩集『二十億光年の孤独』の刊行によるものであった。三好達治<ruby>たつじ</ruby>の激賞を受けたこの処女作は、「青年というけもの」を詠む、感傷性の希薄な「工業時代」の詩であった（大岡 1968）。

　三好が評する「若者」としての谷川は「意外に遠くからやつてきた」、いわば異邦人である。敗戦後の混乱期を「冬のさなか」として生き延びていた三好にとっては、「悲哀に於て快活」な若者谷川の登場は、何より「永らく待たれたものとして　突忽とはるかな国からやつてきた」かのような清涼感とともに受けとめられたのであろう。

　谷川の登場の「衝撃」は、「戦争の傷」をほとんど負っていないという特徴によってもたらされるものでもあった。同時代の詩人たちが、1952年という戦後初期、いまだ敗戦の残響が消え去らない時代情況の中で、戦争と自らの距離感を模索することに執着する中で、谷川の詩には「戦争の影響などほとんど見られ」ないと感じられた（大塚 2007：6）。戦争という歴史と、自分は関わりを持たないという超然とした感覚をもつ谷川のデヴューは、まさに「ポスト太

平洋戦争世代の出現」として認識されたのである（大塚 2007：9）。

　処女作の中からしばしば引かれる「かなしみ」の一節を以下に掲げよう。

「かなしみ」
あの青い空の波の音が聞えるあたりに
何かとんでもないおとし物を
僕はしてきてしまつたらしい

透明な過去の駅で
遺失物係の前に立つたら
僕は余計に悲しくなつてしまつた

　過去は透明であるという空虚感と、「青い空」と「波」のさざめく渚がつな
ぎ合わされる場所への憧憬というテーマがここで謳われている。このテーマに
ついては、ガストン・バシュラールの言を引用しておこう。「青空——ひたす
ら青い空——を前にしての夢想は、いわば現象のない現象性を確立する」（バ
シュラール 1968：254）。

　透明と青という、光と時間を媒介するモチーフ——バシュラールなら、ヘル
ダーリンに倣って、その媒介を「エーテル」と呼ぶであろう——、いずれも静
謐さを備えた「青年」の乾いた意識は、戦中・戦後の価値観の崩壊と混乱の中
に生きる青年日本の気分に多くを訴えた。

　谷川の喪失感、虚無感は、根本的に、「天皇制国家の価値ヒエラルキーの崩
壊」によるアノミーの反映といったようなものではない。谷川における「喪
失」や「虚無」は、それまで共有されてきたものを喪失した、という社会変動
によるアノミーへの慨嘆というよりは、〈私〉がここに存在するということが、
すでに何かしらの喪失と表裏一体であるという、きわめて個体的な感覚の吐露
なのである。この、独我論的な個体性が帯びる、いささかなりともナルシス
ティックな倦怠に関しては、再び、バシュラールを引いておこう。「青空は明

晰さへの意志である。青空に他ならぬ《裏錫のない鏡》は、独特のナルシシスム、純粋さの、感情の空位の、自由意志のナルシシスムを目ざめさせる。青い空虚な空のなかで、夢見るものは《直観的な明確さ》、感情と行為と思想において明確であるという幸福感がもつ《青い感情》の図式を見出す。大気のナルシスは青空のなかにおのが姿を映すのである」（バシュラール 1969：255f.）。

谷川は、青空という鏡に映しだされた「孤独」という、本詩集を導いた感覚が、近代以降に限定されるものであるという見解に違和感を示しつつ、子どもは、「母の胎内から出た不安と孤独から逃れられない存在」であると考える（見田ほか 1997：8）。そのような、いわば存在論的な孤独を「克服」することこそが「大人になる」ということだというのである。

ここで見られるような「孤独ゆえの悲しみ」というモチーフは、後年の〈子ども〉をテーマとした作品の中にも登場してくることになるであろう。例えば、『子どもの肖像』（1993年）における「わらう」では、「いくつことばをおぼえても／かなしみはなくならない」と詠われることになるであろう。「かなしみ」とは「ことば」の網目にとらわれない原形質のごとき存在として、あらゆる分化した感情の基部に存在しつづけるものとして捉えられていくことになる。

象徴としての「空」に関して、ユング派精神分析家であるトム・チェトウィンドは、「空」に関する夢は、次のようなモチーフの象徴であるという。すなわち、「天国。青い空は、目的のない逃避。まだ実現されていない創造の可能性。」（チェトウィンド 1981：210）。さらに、同じくユング派による元型と象徴に関する事典によれば、「空」は、「父なる天空と母なる大地」という形で対立的に捉えられる（ムーン編 1995：336）。同書はさらに、移動民族においては、天空が信仰の中心に置かれていたことを指摘し、それは、「地上では常に移動を繰り返すが、天空は不動不変の存在だから」であるという。「天空を象徴的にとらえることにより、彼らは多少なりとも現実の世界から超越して神々に近づくことができる」。

「青空」という主題は、「青年」の未確定な未来への、かすかな希望の象徴で

あると同時に、底の抜けたような不安定さ、とりとめもなさの表象でもあった。そして、無限量の光に彩られた空への昇華は、やがて、「誕生」のモチーフとして、後年の作品の中に姿を見せることになるということにも、私たちは注意を払っておいたほうがよいだろう。

　翌1953年の『六十二のソネット』においても、主題的に謳われているのは、青年としての「私」であった。宇宙の中で、私がこのような私として在ることの不可思議さ、異邦人としての、センチメンタリズムに濡れない渇いた違和感が淡々と示される。この時期の谷川の語りは一人称的である。しかも、その主体は青年であって、〈子ども〉ではない。

　ただ、本詩集には、谷川が、自らの子ども期を回顧する数少ない作品として、「生長」が収められている。本作品においては、自らの子どもから、青年となる現在までの「生長」が、認識できる時間軸の幅の拡がりとして捉えられている。そこにおいて、「十八歳」を迎えた「私」の前に残されるのは、「時」という謎なのである。ここでは、「時間」に対する、谷川の特別な関心が、あけすけに示されている。

「生長」
三歳
私に過去はなかつた

五歳
私の過去は昨日まで

七歳
私の過去はちよんまげまで

十一歳
私の過去は恐竜まで

十四歳

私の過去は教科書どおり

十六歳

私は過去の無限をこわごわみつめ

十八歳

私は時の何かを知らない

　注目すべきことに、『愛について』（1955年）における「月のめぐり menstruation」において、「顔（人称）のない子ども」というモチーフが登場してくる。顔のない子ども、あるいは声を発しない、声を奪われた沈黙する子どもというモチーフは、谷川の子どもにまつわる元型をなすものであろう。「月のめぐり」とは、いうまでもなく、女の月経周期である。周期的な月経に、可能性、潜勢態であることを強制され、その可能性、潜勢態が、現実態へと転化すること、形をとって存在することをあらかじめ阻まれていることの表れを、「見知らぬ子ども」という不可能性のイメージのもとに、谷川は掬いとろうとしている。

「月のめぐり menstruation」
　1　ひとの中で誰かが見知らぬ息子を彫刻する

　3　〈こんなに規則正しく　私の中で華やかな葬いがある　祝いの色で悼まれるもの
　　　たち　傷つくことも死ぬことも出来ずに無へかえつてゆくものたち　私の若すぎる
　　　子供たち…熟れた月はおちてくる　誰もそれを受けとめない…〉

　ここにおける〈子ども〉は、徹底した匿名性のなかに塗りこめられている、未生の子どもである。無へと帰ってゆく、存在を受容されない子ども、声を発

しない子ども、さらに言えば、存在と非在の間に打ち棄てられた子どもである。言葉を獲得し得ないもの、ジャン＝フランソワ・リオタールが言うところの、インファンスとしての〈子ども〉のイメージが、ここでは提示されている。この子ども像の極点は、のちの「ひとりぼっちの裸の子ども」における、「声もたてずに」泣く「裸の子ども」という沈黙としてのイメージであろう（1974年）。

　「七五の歌」（1972年）
　籠の中身の買い物を
　残らず床に投げ捨てて
　はつとみつめる夕空に
　子等の叫びが消えてゆく
　ただ一点に消えてゆく

　ここでの子どもは、「空」との同質性が際立っている。存在の身軽さ、背負う物の少なさがもたらす存在の軽快さが、その空との同質性を生み出している。軽快さは、声という拡散性のイメージとなって、やがては霧消していく。デヴュー作の「かなしみ」では、空の彼方には、青年が喪失した「過去」が閉じ込められていた。閉じ込められた「過去」の一点へと、現在からさかのぼる叫びが、子どもから発せられているのである。ここには、谷川における、過去の封印としての空と、現在の地上を媒介し、往還する声の源としての子どものモチーフが現れている。

　ここでは、「空」と子どもを媒介するものが「声」である。イメージとして〈子ども〉を捉えきれなくとも、音としての子どもは知覚される。「声」は顔をもたなくてもよい。匿名性を許容する存在の主張、それが「声」である。

　しかし、注意しておくべきことは、ここで「子等」が発している「声」は、言葉ではないということであろう。ここでの子どもたちは、言葉として分節化されない音声を、「叫び」として発するような、不定形な存在である。その

「叫び」は、何かを伝えようとする意思に基づいて発せられたものでもないし、誰かに向けて発せられたものでもない。さらにいえば、意味を追い求めず、生存しているということの証として、呼吸の延長として、声を空に投げ出すことで、自らの存在を、全空間へと拡張させてしまうような存在なのである。

　「鳥羽 addendum」（1968年）
　　今　霊感が追い越してゆく
　　私に僅かな言葉を遺して
　　何事かを伝えるためではない
　　言葉は幼児のようにもがいている

　谷川にとって、言葉とは〈子ども〉のようなものである。それは、〈子ども〉とは、何事をも伝えることができず、もがくような存在であるということであろう。
　初期の谷川における〈子ども〉は、比喩として登場している。「子どものようなもの」、「幼児のようなもの」、それらは、言葉による伝達の不可能性の前に立ち尽くし、「もがく」ような存在なのである。
　既にみたように、谷川における〈子ども〉のモチーフの一つは、〈沈黙する子ども〉であり、〈言葉を奪われた子ども〉というものであった。ところが、その沈黙、あるいは静寂は、空虚、空無、虚無ゆえに生じてくるものとは捉えられていない。子どもには、あるいはその内奥には、鬱々として湛えられた無定形な充溢があるのだが、その充溢は、言葉によって開かれる回路を封じられているがゆえに、内部に押し込められた無意識となる。その無意識は、突発的に奔出する、壊乱的なふるまいとして、意識化されていくことになるであろう。

3．1960年代以降における〈子ども〉の主題化

　谷川とも幾度も対談している臨床心理学者の河合隼雄は、カール・ユングが人間の想像力の元型の一つとして〈子ども〉を挙げていることを指摘している。ユングによれば、元型としての子どもとは、「新しいもの、新しい可能性が生じたこと」を象徴するという（河合 1967：126）。さらにいえば、それは「新しい可能性の誕生を告げる英雄としての子ども」であるという。無意識に書き進められたという谷川の詩作にも、このような「新しさ」の元型としての〈子ども〉がたびたび現れるが、それは必ずしも、明らかにそれと分かる形で示されているわけではない。

　ユングが、〈子ども〉という元型に関して多くの言及を行っていることは、既に指摘されていることである（ムーン編 1995：411）。〈子ども〉には、はるか彼方を見透すイメージが投影され、「われわれの祖先までさかのぼる回顧的直感」が働くとユングが述べていることは、注目すべきことである。

　ここでいわれる〈子ども〉とは、単に未来を予示する存在ではなく、過去への遡行を促すようなモチーフも内在させている。このように、〈子ども〉は、過去と未来だけでなく、「反対物を結びつけるもの、仲介者、治癒者、つまり健全なるもの」なのであり（ムーン編 1995：412）、ユングが希求する「自我」の全体性を象徴するものとして現れるのである。

　谷川の詩作品にたびたび登場する〈子ども〉とは、ユング派心理学が第一に指摘するような、単に未来の到来を告げ知らせるものであるというよりも、過去から現在へと呼びかけつづけるものでもあるという点で、時間軸を往還するような、多義的存在——ユングにいわせれば、両義的、両性具有的存在——である。いわば、時間軸の原点としての現在を相対化させるような作用を担う子どもということができるかもしれない。谷川における〈子ども〉は、世界の秩序を（暴力的に）成り立たせているあらゆる二項対立を無効化させてしまうような場（トポス）として登場してくる。

　谷川の〈子ども〉、あるいは彼の作品に登場してくる〈子ども〉像を、さら

に詳細に検討してゆくにあたって、このあたりで、谷川自身の家族史をおさえ
ておくことは重要であると思われる。というのも、彼自身の実子の生育と育児
体験とパラレルに、〈子ども〉に対する新しい感受性と想像力が産み出され、
変容してゆくと同時に、「子どもにとっての言葉」という、あらたな問題圏に、
彼は足を踏み入れてゆくことになるからである。

　谷川は、都合3回の結婚と離婚を経験している。1954年、幼馴染であり、詩
人・童話作家であった岸田衿子と最初の結婚をする。しかし、永続せず、翌
1955年に離婚する。1957年、新劇女優であった大久保知子と二度目の結婚を
し、二子（一男一女）をもうける。1960年に誕生した長男は賢作、後に作曲
家・ピアニストとなり、今日に至るまで、詩の朗読とピアノ演奏のコラボレー
ションを試みるなど、父との共同作業を継続している。1963年に誕生した長女
は志野である。谷川と大久保は、1989年に離婚する。

　大久保知子との離婚前より交流のあった絵本作家であった佐野洋子と、翌
1990年に三度目の結婚をする。なお、佐野と谷川は、1996年に離婚している。

　谷川が〈子ども〉を潜在的テーマとして盛んに取り上げ始めたのは1960年代
の半ば以降である。上にみた彼の家族史からも明瞭に読みとれるように、この
時期は、二番目の妻である大久保知子との間に二子をもうけ、彼らの成長を見
まもる時期に相当している。

　既にみたように、きわめて初期の作品群において萌芽的に示された谷川にお
ける〈子ども〉は、言葉を語らぬ、あるいは言葉を奪われたインファンス、沈
黙の象徴としての子どもというモチーフを胚胎していた。そして、このモチー
フは、〈胎児〉というイメージとして、のちに極限的な形で発展させられてい
くことになる（谷川の詩作における「胎児」というテーマについて、佐藤通雅
は、谷川の特筆すべき「未生感覚・胎児感覚」について指摘している（佐藤
1990：67）。彼によれば、谷川の作品には「生誕以前の宇宙を豊かによみがえ
らせる、生誕直後の生の痛みをうたいあげる」魅力が湛えられているという）。

　子どもに出会うことの「痛み」というテーマを扱うにあたって、私たちの目
を引くのは、「ポール・クレーの絵による絵本のために」（『夜中に台所でぼく

はきみに話しかけたかった』所収、1975年）であろう。この連作は、スイスの画家パウル・クレーの作品によせられたトリビュートである。本詩集における〈子ども〉は、不可思議であり、グロテスクですらある。その〈子ども〉は、大人、あるいは世界との隔絶と、それゆえの不可知にも拘らず、天啓のように私たちに襲い掛かってくるものとして描かれているかのようである。

《階段の上の子供》1923
かいだんのうえのこどもに
きみははなしかけることができない
なくことができるだけだ
かいだんのうえのこどもがりゆうで

かいだんのうえのこどもに
きみはなにもあたえることができない
しぬことができるだけだ
かいだんのうえのこどものために

かいだんのうえのこどもはたったひとり
それなのになまえがない
だからきみはよぶことができない
きみはただよばれるだけだ

パウル・クレー「階段の上の子供」

　ここで示されているのは、〈不可知性としての子ども〉であるといえよう。ここにおける〈子ども〉が、不可知性を沁み出させているのは、その〈子ども〉が、「言語的コミュニケーション＝通約を拒絶するもの」であるからだ。この通約不可能性は、非－言葉的存在としての〈子ども〉というイマージュによって示されている。ここでの〈子ども〉は、伝達しない。そこに存在し、見てとることができるものの、何かしらの意味やメッセージを、そこから受けと

めることができない。〈私〉に届かない中空に浮遊するかのような存在としての〈子ども〉が描かれる。非－言葉的存在としての〈子ども〉という、谷川作品の中に反復して登場してくるモチーフは、言葉というものに対する根源的な懐疑を有する谷川自身の問題意識の反映だといえるかもしれない。

　さらにいえば、ここでの〈子ども〉に、私たちはほとんど表情を想像することができない。「顔」を想像することさえもできない。人間における極限的な倫理の表れとしての 顔（ヴィサージュ）（エマニュエル・レヴィナス）すらも奪われ、無名性の暗闇に沈む子どもの前には、私たち大人は立ち尽くし、佇むこと以外に、何ひとつとしてできることは残されていないであろう。

　次にみる作品「そのほかに」（1979年、『そのほかに』所収）においても、言葉の不完全性と、頼りなさ、よるべなさが表出されている。この作品は、あたかも、実子に接する谷川自身の困惑をめぐる独白であるかのようだ。

「そのほかに」
ひざの上ですすりあげる私の幼い娘
──そのほかに何を私は待っているのか
遠くでマドリガルが唱い出される
閉じたままの本
胡桃の木蔭

言葉は決して十分でない
言葉は呼びつづけ
決して満足しないから

沈黙は十分でない
沈黙はつづき
不死だから

そのほかに何を待っているのか

　　ひざの上で

　　少しずつ泣きやんでくる幼い娘と――

　娘と共に到来することを待つものは「言葉」ではないという。「沈黙」でも
ないという。両者の共通点は「永遠性」である。谷川が子どもと待ち望むも
の、それは満ち足りることを知る、交感の瞬間なのである。谷川は、子どもに
隔絶性、共約不可能性のみを見いだしているわけではない。子どもは言葉を越
えつつも、充溢した瞬間を、大人と共有しうる対等の他者として、再発見され
ているのである。

　ここで表されているのは、言葉を発することを拒否するかのような〈子ど
も〉であった。ただ〈子ども〉は、絶対的な隔絶の彼岸に抑留された存在では
ない。かすかな架橋への期待がある。その期待を受けわたすものは、「言葉」
ではない。彼岸における子どもに〈私〉の側から届けることができるのは、
「言葉」ではなく「うた」である。ここにおいて、「うた」は言葉を越えてい
る。このことについては、後述することになろう。

　　「ぼくは言う」

　　そして人間についてはどう言えばいいのか

　　朝の道を子どもたちが駈けてゆく

　　ぼくはただ黙っている

　　ほとんどひとつの傷のように

　　その姿を心に刻みつけるために

　上掲の作品（1983年、『どきん』所収）で示されているのは、沈思に落とし
込まれた詩人の静と対置される、動的な存在としての〈子ども〉である。た
だ、〈子ども〉が動的であることの理由は明示されていない。そもそも、停滞、
停留を拒むことを存在意義として示し出すような〈子ども〉が、元型として提

示されているのである。動的存在としての〈子ども〉は、1970年代の作品においても登場していたが（「いさかいのあとで妻に」（1979年）における「花の木の影が地面に落ちて／子等は犬を追って林を駈けている」）、「僕は言う」における〈子ども〉の運動性は、それを眺める大人たる詩人に、傷のような痛覚を伴う痕跡を彫り込むに至るまで、その強度を強めている。

　駈ける〈子ども〉を前にして、詩人は沈黙する。〈子ども〉たちには与える言葉を失った詩人の当惑がある。詩人の言葉の志向性を無化し、拡散させてしまうのが〈子ども〉の運動性なのである。詩人にとって、〈子ども〉に対しては、言葉という消炎剤は効能をもたない。〈子ども〉は、日常を生きる生活者としての詩人の皮膚を切り裂く鋭利な存在である。そこに容赦も寛恕も存在しない。〈子ども〉から与えられる傷を、詩人は甘受し、それを撫でつつ、〈子ども〉たちと共生することを選ぶのである。

4.「声」の主としての子ども

　既にみたように、谷川の作品史における初期の作品において、既に、「言葉を拒否するもの」「沈黙を持ち来たらすもの」としての〈子ども〉の元型が現れてきていた。この反 − 言葉的な存在としての子どもというイメージは、ライフサイクル上の子ども期にも投影されている。「神田讃歌」（1982年、『日々の地図』所収）をみてみよう。

　　産声に始まって念仏に終る声の流れ
　　白い畠に黒い種子を播く活字の列
　　私たちの豊かな言葉の春夏秋冬が
　　この街の季節をつくっている

　谷川にとって、原初の第一声は「産声」であり、声は生命の持続という時間の中に流れてゆくものである。人間の生涯は、声に始まり、そして声に終る。

生涯の始まりと終りにおいて響くものは、言葉ではない。声と声をつなぐことが、人が人と生きることだといってもよい。原初の声と、終末の声との端境に、言葉と活字が存在している。

　ところで、ここに登場している「誕生」のモチーフは、谷川にとって暗がりから「光」への進み行きとしても示される。「誕生」（1991年、『詩を贈ろうとすることは』所収）において、「あなたが暗くなまぐさい産道を／よじれながら光の方へ進んできたとき」と谷川が詠むとき、「産声」をあげるということは、光の中へと「声」を送り届けるということにほかならない。

　ところがその「声」は、何かを説明したり、伝達したりするために発せられたものではない。子どもの声は、いかなる点においても、意味の媒体ではないのである。

　「あはは」（1983年）
　どかんとばくはつ
　ちきゅうがきえた
　あははとわらった
　こどもがひとり

　ここにおいて、もはや子どもは「ちきゅう」とは運命を共にしない存在である。大地の原初と終焉を超越し、それらを笑い飛ばす力能を手に入れた、汎在的な存在なのである。その子どもの存在を私たちに告げしらすのは、やはり、「声」なのである。

　祝祭的な破壊をもたらす声の源としての子どもは、「なくぞ」（1993年、『子どもの肖像』所収）にも登場してくる。

　ぼくがなけば
　にほんなんかなみだでしずむ
　なくぞ

　　いますぐなくぞ
　　ないてうちゅうをぶっとばす

　ここにおいて「なく」という行為は、やがて訪れうる破滅的破壊の表徴である。大人世界の秩序を一瞬のうちに無効化し、無限遠のかなたに放擲してしまうような原初的な力をもった行為である。マクロなコスモロジーの壊乱を、突発的な感情表出によって成し遂げる存在、しかも、その力能の大きさを知る大人に対する「脅し」として、自らの「なく」ことが効果を持ちうるということをすでに知っている、狡猾な存在として〈子ども〉が描き出されている。ここでの〈子ども〉は紛れもなく、スサノヲを髣髴とさせる破壊神なのであるが、彼らはイノセントな老獪さに染め抜かれている。

　ところが、日常的な秩序を一瞬の上に破壊しつくした〈子ども〉は、その世界の破片群を、「きれぎれなかけごえ」によって、再び結び合わせようともする。

「明日」（1979年）
　希望を語る言葉はいつわりの根を夢にひろげ
　絶望を歌う言葉はあてどない梢を風にまかす
　だが遊ぶ子どもらのきれぎれなかけごえは
　たそがれと暁をひとつに荒野へと涵する

　希望や絶望を語る饒舌な、あるいは能天気な言葉は、〈子ども〉たちの「声」とは逆接によって対置されている。〈子ども〉たちの「声」は時空を越え、空間を拡散させ、共鳴の鎖を繋いでゆく。〈子ども〉の「声」は、言葉とは異質な響きなのである。

　詩人としての谷川に求められているのは、この叫び、響きを傾聴することである。「みみをすます」（1982年）において、谷川が聴くのは、「じぶんのうぶごえ」という時空を越えた自分の原初の存在証明の叫びであり、太古の「あか

んぼ」の、何気ないくつろぎとけだるさの中に吐き出される呼気という生存の証でもある。〈子ども〉を捉えるのは、谷川にとって、何より「聴覚」なのである。

　嬰児の声に向けられた聴覚は、時をさかのぼる。意図的に、注意深く傾聴しなければ、聞き洩らしてしまうような「こえ」である。

「みみをすます」
　じぶんの
　うぶごえに
　みみをすます

　みみをすます
　いちまんねんまえの
　あかんぼの
　あくびに
　みみをすます

　太古の嬰児のかすかな呼吸の残響と、自己の根源的な存在証明である出産の記憶という、系統発生と個体発生の上流へとさかのぼることは、いずれも「みみをすます」という動作において包摂されている。谷川において、「みみをすます」ことは、時を遡ることである。時間を遡行する聴覚、その差し向けられた先は、匿名の、歴史化されない〈子ども〉の「声」である。「みみをすます」で予示されていた、「時をさかのぼる聴覚」というモチーフは、翌年の「そのひとがうたうとき」（1983年、『どきん』所収）において、より鮮烈な形で現れる。本作品は、80年代以降の谷川の詩作の一つのルーツであり、その後の彼にとってのモチーフを凝集させたような作品である。

「そのひとがうたうとき」
そのひとがうたうとき
そのこえはとおくからくる
うずくまるひとりのとしよりのおもいでから
くちはてたたくさんのたいこのこだまから
あらそいあうこころとこころのすきまから
そのこえはくる

そのこえはもっととおくからくる
おおむかしのうみのうねりのふかみから
ふりつもるあしたのゆきのしずけさから
そのひとがうたうとき
わすれられたいのりのおもいつぶやきから
そのこえはくる

そののどはかれることのないふかいいど
そのうではみえないつみびとをだきとめる
そのあしはむちのようにだいちをうつ
そのめはひかりのはやさをとらえ
そのみみはまだうまれないあかんぼうの
かすかなあしおとへとすまされる

そのひとがうたうとき
よるのなかのみしらぬこどもの
ひとつぶのなみだはわたしのなみだ
どんなことばももどかしいところに
ひとつのたしかなこたえがきこえる
だがうたはまたあたらしいなぞのはじまり

くにぐにのさかいをこえさばくをこえ

かたくななこころうごかないからだをこえ

そのこえはとおくまでとどく

みらいへとさかのぼりそのこえはとどく

もっともふしあわせなひとのもとまで

そのひとがうたうとき

　「そのひと」のイメージは、最終行を読んでなお、明確ではない。至高存在のようにも思われるし、名前すら記憶されない、故地を放逐された賤民<ruby>賤民<rt>パーリア</rt></ruby>のようにも思われる。いずれにせよ、「そのひと」は名前を持たない、無名の存在か、名づけを拒む、匿名の存在である。「そのひと」は、いわば聴覚の人である。「そのひと」の「そのみみはまだうまれないあかんぼうの／かすかなあしおとへとすまされる」。ここでは、〈子ども〉は、まだ生まれ出でぬ未来世代の象徴として示される。この「うまれないあかんぼう」は、もはや産声すら上げない。たゆみない努力と試行の果てに、歩行を始めるその瞬間を、待ち構えるような聴覚を、「そのひと」は備える。
　「そのひと」の「こえ」は、「ことば」にはならない。意味を流動化させつつ、浮動し、境界を侵犯し、ほとんど全世界を包含するかのように共鳴する。「ことば」を介さないでも、共鳴は生じる。「よるのなかのみしらぬこどもの／ひとつぶのなみだはわたしのなみだ」という節において、「こども」と、「わたし」は、ここで共苦する。「こども」は、「わたし」の悲しみを投影させうる存在なのである。なお、本作品で、「わたし」という一人称が登場するのは、この部分のみである。「わたし」と「そのひと」の関係性は、終始、明かされることはない。
　ここで泣いている〈子ども〉は、もはや泣き声も発しない。「ひとつぶのなみだ」を零すだけである。〈子ども〉の悲しみは「ことば」にもなりようがない。ここには、「よるのなか」の「みしらぬ」、つまり顔を奪われた、かつ、声もまた奪われた、沈黙する〈子ども〉というモチーフが再登場している。この

沈黙のモチーフに、「わたし」は自らの「かなしみ」を重ね合わせる。それは、「わたし」のかなしみが、ことばの彼方、意味の彼岸にあるということを意味していよう。

「どんなことばももどかしいところに／ひとつのたしかなこたえがきこえる」。ことばが届かぬところ、ことばの射程の彼方に、「たしかなこたえ」が「きこえる」のだが、それは新たな謎を生じさせるような「うた」として、聴覚によって、ひめやかに捉えられる。「こたえ」は目に見えぬもののなかに、「ことばのもどかしいところ」、ロゴスの奥なる襞にひそまされているのである。「こたえ」は、「ことば」が廻りをめぐり続けてもついにその核心に到達できないようなトポスに響く。その「こたえ」とは、「うた」にほかならない。しかし、「こたえ」として響いた「うた」は、そこに安住することを許さない。「うたはまたあたらしいなぞのはじまり」なのである。

「なぞ」を胚胎させつつ、「うた」は、時間を遡及していく。最終連の「みらいへとさかのぼりそのこえはとどく」という節に鮮明に表れているのは、谷川自身の独特な時間感覚である。未来へと「遡る」というのは、私たちの時間感覚からはズレをもって感じられる。過去から現在、そして未来へと、時間の流れを、低きにつく流体の運動のごときものとして捉えるならば、「未来」へは「下る」ことによってたどり着きこそすれ、「遡る」ことによっては過去へと「遡行」してしまうことになるからである。

しかし、谷川のモチーフの中には、絶対的な存在が「空」のはるか上方にあり、そこへと昇ることが、「青春の無限の可能性」と通じ合うものとして提示されるというものがある。これは既に、処女作である『二十億光年の孤独』におけるひらがな詩「はる」にも登場しているものである。本作における「みらいへとさかのぼる」という節には、絶対的、至高的、倫理的存在であるところの未来が上方彼方にあるという谷川の、初期から一貫したモチーフが反映されているのである（同様のモチーフが、多くの宗教的想像力の中に見出されることを、ミルチャ・エリアーデが指摘している。エリアーデによれば、〈上〉なるもの、あるいは〈高きもの〉は、「どんな任意の宗教的連関においても、超

越的なものを啓示している」(エリアーデ 1969：119f.)。天という超越的なものの象徴との交流は、いわば世界の〈中心〉において行われるという点において、多数の祭儀、神話、伝説を賦活しているとエリアーデは指摘する)。

5.「声」という懐疑＝倫理

　視覚によっては姿を捉えきれぬ曖昧な存在、大人に懐疑を突きつける存在としての〈子ども〉は、「こどもたち　こどもたち」(1998年、『谷川俊太郎詩集』所収)において、正面から取り上げられる。ここでの〈子ども〉は、徹底して複数的な存在である。存在の複数性は、発せられる「こえ」の多声性を意味していよう。

　　「こどもたち　こどもたち」
　　ふかいきりのむこうから
　　かすかなこえがきこえてくる
　　こどもたちこどもたち　どこにいる？
　　きをつけろ　まだまじょはいきている
　　まだだれもきみらの「なぜ？」にこたえていない

　「こどもたち」は、霧の奥に姿を潜ませている。そこに彼らが存在することを告げ知らすのは「かすかなこえ」のみである。その「こえ」は「なぜ？」という問いを投げかけてくる。「なぜ？」というのは、理由を尋ねる問いだ。存在意義を問うているといってもよい。はっきりとした輪郭をもたぬ存在ながら、誰しも容易に答えられぬ存在への問いを送り届けてくる、それがここでの複数的・多声的な「こどもたち」なのだ。

　　ほらつかまえた！　とおもうまもなく
　　きみらはものかげにはしりこむ

ろじからろじへまたそのさきのいえのなかへ
おはなしはどこまでいってもおわらない
たたかうあいてはいたるところにかくれている

　その「こどもたち」を把捉することは実に困難である。ここでは、〈走る子ども〉というモチーフが登場する。「こどもたち」に関する物語は、運動するこどもたちに追いつくことはない。「おはなし」という言葉で、「こどもたち」を描き、説明し、固定化することは永遠に不可能なのだ。「こどもたち」の運動を遮ろうとする、言葉に表象されるあらゆる秩序の装置と、その論理の代弁者たちは、ついにその所期の目的を達しえないであろう。

きづかずにごまかして
わすれまいとしながらわすれてしまって
おとなはきみらをさがしてさまよう
ときおりひびくわらいごえをたよりに
おしころしたようななきごえにおびえながら

　「わらいごえ」を唯一の手掛かりとして、「こどもたち」をおとなは探し、そして追跡する。こどもに近づこうとするおとなは、その声を日常性の中に稀釈してしまい、ついに果たし得ない。わらいごえに惹きつけられるが、「こどもたち」の「なきごえ」に怯え慄かざるをえないのは、「こどもたち」の「なきごえ」が、おとなたちの罪を告発するような声だからにほかならない。

ふかいきりのむこうから
かぼそいからだがすがたをあらわす
それはむかしむかしのぼくらおとな
てをにぎりしめたものをだれかにわたそうとして
それがなにかもわからずにたちつくす

やっと捉えかけた輪郭ある、身体をもつ「こどもたち」は、「こえ」の主としての「こどもたち」ではなかった。自らの遠い過去の記憶の残影としての〈子ども〉というイメージの投影としてしか、おとなたちは「こどもたち」を「見る」ことができない。ここでの「こどもたち」は、太古の昔へと隔絶されている。「こどもたち」は、時間軸の原点に現在を据えるパースペクティブから脱落している。「こどもたち」は既に、おとなの〈生活世界＝意味世界〉からは遠く乖離した存在であり、意思の交感はおろか、一方的な贈与ですらも不可能なトポスに生きつづけているのである。

　本章で跡づけてきた谷川における〈子ども〉の元型とは、反－ロゴス的存在であり、かつ、声の主体、しかも複数的主体であるというものであった。声は、活字という形での固定化を拒む、流動的な存在であり、それゆえに、声は空と親和性をもつ。倫理性の象徴としての未来が、空という上方の彼方に存すると考える谷川にとって、〈子ども〉の〈声＝うた〉とは、「現在＝地上」から、「未来＝天空」へと上昇・昇華しゆく、私たちの祈りを仮託させうる媒体であると同時に、私たちおとなの中に轟く「過去」の残響を告げ知らせる精霊であるといえるのかもしれない。

文献

安野光雅・大岡信・谷川俊太郎・松居直編（1979）『にほんご』福音館書店

エリアーデ（1969）『聖と俗：宗教的なるものの本質について』風間敏夫訳、法政大学出版局

大岡信（1968）「解説」谷川俊太郎『空の青さをみつめていると：谷川俊太郎詩集 I』角川書店

大岡信・谷川俊太郎・井上ひさし・小森陽一（2004）「昭和の詩：日本語のリズム」井上ひさし・小森陽一編『座談会昭和文学史第 6 巻』集英社

大塚常樹（2008）「谷川俊太郎」飛高隆夫・野山嘉正編『展望現代の詩歌第 4 巻：詩IV』明治書院

河合隼雄（1967）『ユング心理学入門』培風館

河合隼雄・谷川俊太郎（1993）『魂にメスはいらない：ユング心理学講義』講談社

北川透（1985）「怪人百面相の誠実：谷川俊太郎の詩の世界」谷川俊太郎『朝のかたち：谷川俊太郎詩集Ⅱ』角川書店

小泉文夫・谷川俊太郎（1977）「音楽・言葉・共同体」小泉文夫『音楽の根源にあるもの』青土社

佐藤学（2001）「自らの存在の芯の部分で「子ども」を保持する生き方：谷川俊太郎『はだか』」佐藤学編『教育本44：転換期の教育を考える』平凡社

佐藤学・谷川俊太郎（2002）「ことばはからだぐるみで：できあいの物語を拒絶する」佐藤学『身体のダイアローグ：佐藤学対談集』太郎次郎社

佐藤通雅（1990）「真空管チルドレン：谷川俊太郎詩集『はだか』から」『子どもの磁場へ』北斗出版

谷川俊太郎（1968）『空の青さをみつめていると：谷川俊太郎詩集Ⅰ』角川書店

谷川俊太郎（1981）『自分のなかの子ども：谷川俊太郎対談集』青土社

谷川俊太郎（1985）『朝のかたち：谷川俊太郎詩集Ⅱ』角川書店

谷川俊太郎（1993）「子どもの〈詩〉」谷川俊太郎『続続・谷川俊太郎』（現代詩文庫109）、思潮社

谷川俊太郎ほか（1988）『谷川俊太郎のコスモロジー』（現代詩読本）、思潮社

チェトウィンド（1981）『夢事典』土田光義訳、白揚社

西平直（1993）『エリクソンの人間学』東京大学出版会

西平直（2015）『誕生のインファンティア：生まれてきた不思議、死んでゆく不思議、生まれてこなかった不思議』みすず書房

バシュラール（1968）『空と夢：運動の想像力にかんする試論』宇佐美英治訳、法政大学出版局

バシュラール（1969）『水と夢：物質の想像力についての試論』小浜俊郎・桜木泰行訳、国文社

本田和子（1999）「保育研究における詩的経験」津守真・本田和子・松井とし・浜口順子『人間現象としての保育研究：増補版』光生館

見田宗介・河合隼雄・谷川俊太郎（1997）『子どもと大人：ことば・からだ・心』岩波書店

ムーン編（1995）『元型と象徴の事典』橋本槇矩訳者代表、青土社

山田兼二（2010）『谷川俊太郎の詩学』思潮社

渡邊十絲子（2013）「教科書のなかの詩：谷川俊太郎のことば」『今を生きるための現代
　　詩』講談社

第**7**章

〈進歩〉する子ども

―堀尾輝久―

1．「国民の教育権」から「子どもの権利」への転換

　「子どもがわからない」、「子どもが見えない」という嘆きは、戦後日本において、いつから多くの「大人」の口にのぼるようになったのか。「子ども」が、「大人」にとって「わかりやすかった」時代とは、「子ども」を、「大人」のロジックへと無自覚に組み込み、「子ども」がもつ「大人」からの距離感（それは「子ども」の異様さ、グロテスクさと受け取られうる）を無視することが容易にできるような時代だったのかもしれない。戦後史の進み行きのなかで、「子ども」は、アプリオリに「大人になりたがる存在」ではなくなりつつあった。「子ども」は「大人」を、少なくとも「大人」が「子ども」にあてがってきたロジックを破綻させるという意味において、裏切ったのである。「子どもとは何か」という問いはつねに、神話＝常識が溶解したあとで、戸惑い、途方に暮れる「大人」の側から発せられてきたもののように思われる。

　本章では、そのような「子どもとは何か」という問いを発した一人の主導的な教育学者に焦点をあてる。堀尾輝久が「子ども」という概念を重視するようになる過程は、彼が、自身の青年期における、政治思想史研究の知見に裏付けられた「国民の教育権」論から、壮年期以降における、教育学が依って立つべき、新しい「総合的人間学」へとパラダイムを転換しようとしてゆく模索の過程と重なりあう。

　堀尾の戦後思想における位置、あるいは教育学の全体に対する影響がどのようなものであったかについては、ある程度の先行研究の蓄積がある。それらにおける、堀尾に対する評価は、両極端といっていいほどに、はっきりと分かれ

ている。そして重要なことは、堀尾は、彼を賞賛する側にあっても、批判する側にあっても、「戦後教育学」のアイコンとして認識されつづけているということである。

　一方には、堀尾による「国民の教育権」論を、戦後教育学の一つの到達点として称賛する肯定的な評価がある。これは、教育科学研究会の基本的立場であるといえよう。たとえば、2010年に、民主教育研究所が刊行している『人間と教育』（65号）は、「堀尾教育学の継承をめぐって」という小特集を組んでいる。ここに掲載されている論考の著者たちの主たる関心は、堀尾の業績をいかに「継承」するか、つまり、彼の業績が、現在においても有効であることを再確認することにあるといえる。同様の見地から、2022年には、堀尾と直接の関係を有する教育学研究者たちによって、『戦後教育学の再検討』上下巻（東京大学出版会）が上梓された。同書名における「戦後教育学」の象徴的存在とされているのは、まさに堀尾である。

　他方で、堀尾理論、特にその「国民の教育権」論のもつ限界を指摘し、それがいわば「時代遅れ」のものとなったとして、挫折したものと見なす否定的な評価がある。これは、1997年に設立された教育思想史学会の立場である（例えば、今井康雄（2004）は代表格といえる）。「ポストモダン」を理論的な下敷きにする論者にとっては、堀尾は近代（モダン）的価値の信奉者と捉えられた。そのために、彼の理論は、すでに有効性を失っていると見なされたのである。

　堀尾の「国民の教育権」論に対して寄せられる、現在における評価は両極化しているのであるが、彼が、批判の矢面に立たされつつあった1990年代以降、「国民の教育権」論にかわる、新たなパラダイムを模索し、それが権利主体としての「子ども」の思想化であったということには、それほど注目が集まっていない。本章で見てゆくのは、1990年代以降の自身に対する毀誉褒貶の中で、堀尾が新しく構想しようとした思想としての「子ども」という理念がもつ意義である。

2．堀尾の思想的履歴と「第 3 ラウンド」以降

　1933年、福岡県に陸軍軍人（獣医）の子として生まれた堀尾は、1955年に東京大学法学部政治学科を卒業する。学部時代は、戦後における「進歩的文化人」の巨魁であった丸山真男や、福田歓一らの演習に参加していた。大学院では、師事しようとしていた丸山の病気療養のための休職とも相まって、法学研究科を選ばず、東京大学大学院人文科学研究科教育学専門課程に進学する。大学院進学以前から、進学後の指導教官である勝田守一との親交があった。堀尾の修士論文は、戦前の大衆国家化と、それに伴う国家による国民の動員の過程を明らかにしようとした「大衆国家と教育」である（堀尾 1987）。1962年、「現代教育の思想と構造：近代社会の構造転換と教育思想の変化を中心に」（1971年、『現代教育の思想と構造』として岩波書店より公刊）という学位論文によって、東京大学から教育学博士の学位を授与される。同1962年より1994年まで、東京大学教育学部に勤務した（2022年現在、東京大学名誉教授）。

　堀尾は、そのアカデミック・キャリアの出発点においては、むしろ、政治思想という「教育の外部」から、教育という現象について分析することを目指していた。堀尾のアカデミズムへの本格的なデヴューは、勝田守一との共著論文「国民教育における「中立性」の問題」（上・下、『思想』1958年 9 月号、1959年 3 月号）である。これ以降、前述の学位論文「現代教育の思想と構造」に至るまで、彼の関心は、強化される政府による教育統制への対抗軸を、思想的に磨き上げてゆくことに集中されていたということができる。この国家的な権力の構造と性格を捉え、それに対抗しうる公共性のモデルを提示することに努めていたこの時期の堀尾は、当然のことながら、マクロ的な視点を前面に打ち出していた。

　彼のその後の歩みは、この「教育の外側＝マクロ」から、「教育の内側＝ミクロ」へと、関心の焦点を移していくような軌跡をたどった。1970年代、フランスのストラスブール大学における在外研究の期間中、堀尾は、ジャン・ピアジェ、アンリ・ワロンをはじめとする発達教育学を把握することと、それを日

本の教育界に紹介することに尽力した。70年代を貫く堀尾の子どもの発達過程への関心は、1979年から刊行される岩波講座『子どもの発達と教育』へと昇華されていくことになる（堀尾は編者として参加）。「政治から子どもへ」というスローガンに象徴されるこの時期の堀尾は、探究の対象の中心を、明らかに、国家というマクロ領域から、子どもの発達というミクロ領域へと移している。

　1982年の堀尾のエッセイは、このような、自らの学問的な営みに対する反省、あるいは回顧という性格をもつものとなっている（堀尾 1982）。ここで、堀尾は、自分の研究史を、大きく三つのステージに区切っている。第一は、博士学位論文を中心とする、「大きく国家と教育、政治思想と教育思想、そして教育というものを国家統合のスジの中で批判的にとらえる」というモチーフに貫かれた時期である。第二期は、1969年から翌年にかけてのフランスでの在外研究における「ピアジェやワロンのフランス心理学、フランスにおける子ども研究」への関心に導かれた、1979年までの時期である。ただ、この「能力主義」の克服というモチーフに貫かれた心理学的な研究が、「心理学主義的な傾向」を持っていたことを堀尾は自ら認めている。つまり、彼に対して寄せられた「社会学的な視点が弱い」という指摘が、一定の妥当性を持つことを認めているのである。

　その上で、堀尾は、過去における二つのテーマを止揚、統合することを宣言している。「国家あるいは政治と教育」、「能力主義の問題」という二つのテーマと、「個体の発達」という「三つの柱を統合するような教育学の構造的構成というものを、きちんと提示する必要がある」と、彼は述べている（堀尾 1982：101）。それは、彼の視座が、心理学から「広い意味での社会学」へと移動することを意味しており、それは、「個人の発達を軸に、しかしそれが実は社会と国家の関連の中で具体的な発達の姿がある」わけだから、それらのファクターの「全体をとらえるスキームをつくること」を目指すことを意味しているのである。「社会的な分業のワクの中でいわば具体的な発達の実相がある」のだから、「分業論を意識しない発達論というものは結局はユートピックな夢にとどまる」がゆえに、「社会的な分業」の在り方と、そこでの「現実的発達」

（堀尾 1976：3）の諸問題を、統一的に議論できるような理論を作り上げていくことを堀尾は目指したのである（堀尾 1982：102）。1980年代は、堀尾にとって、それまでの研究史の「ジンテーゼ」を提示することを目指す「第3ラウンド」として認識されていたのである。

　本章で扱おうとしている堀尾の1990年代の営みは、この「第3ラウンド」以降の段階に相当するものと考えられる。この「第3ラウンド」以降において、堀尾が実際に展開したのは、「子どもの権利」論である。1989年に国連で採択された「子どもの権利条約」へと向けた世界的な動向の中に、堀尾は自らの営みを位置づけていくことになる。それは、「国民の教育権」というような、国民国家の範疇にとどまらない、教育学の、より新しい思想的な基盤を確立しようとする試みでもあったといえるであろう。

3．戦後思想としての「1945年」

　堀尾が1980年代初頭においてすでに示していた「第3ラウンド」の構想は、1990年代に至って、「地球時代」における「子どもの権利」論として、具体的に展開される。この時期の堀尾における鍵概念、「地球時代」とは、次のように定義できる。すなわち、「地球上に存在するすべてのものが一つの運命的な絆によって結ばれているという感覚ないし意識が、地球規模で広がり、共有されていく時代」である（堀尾 2005：38）。

　そして、堀尾は、「地球時代の始まり」を1945年だとしている。なぜか。一つには、それは「世界戦争であり、全体戦争、トータルウォー」であった第二次世界大戦の終結という画期的な年だということである（堀尾 2005：41）。第二次大戦は、広島、長崎における「核」の経験によって終末を迎えた。堀尾は、「地球上に存在したすべての存在が核なるものを意識したという意味では、被爆世代であり、被爆の経験をもっている」と述べ、1945年より後の時代においては、全世界の人類にとって、核経験が一種の「共通体験」として成立していると見なしている。そして、その核の経験こそは、「環境問題を地球規

模の問題として意識させる一つの大きな契機」ともなったと述べている（堀尾 2005：42）。

　このような、現代の科学技術によって、人類が滅亡の危険を共有するという点において運命共同体となったという認識は、決して堀尾の創見というわけではない。たとえば、早くも1950年代において、歴史学者の上原専禄は、「原子力時代」として現代を認識することを提案して、次のように述べる。「原子力時代には、一つの民族や二つの民族がたちどころに全滅してしまうような、また、人類の大半が一挙に死滅するかも知れないような戦争の危険と対決しなければならない」（上原 1958：37）。それゆえ、上原は問いかける。「原子爆弾とか水素爆弾というものがつくられ、それにどう対決するかという問題は、全人類的な問題で、人類は一つの共通の運命をになっている、という自覚に到達すること以外に、解決の方法がないのではないか」（上原 1958：37）。

　このように、既に冷戦下における核戦争の恐怖から、地球規模の運命共同体的な連帯が生まれているという認識が存在はしていた（日高 1970）。しかし、1950年代の段階では、教育学が把捉するべき政治的、社会的状況を、全世界的な規模で認識するという枠組みそのものが、実感を伴って広く受け入れられるということはなかった。

　ひるがえって、堀尾にとって1945年とは、世界的な連帯の絆が結ばれたエポックだというように、積極的な意味づけだけを与えられるものではない。第二次大戦の終結、「核時代の始まり」という、「否定的意識」が、地球時代という新しい時代を切り開く重要な契機となったというのである（堀尾 2005：43）。それは、ほかならぬ「大戦争、そして広島、長崎での核の体験を経て」形成された、いわば悲劇の共有の上に立つ連帯なのである。その形成の契機自体は極めて悲劇的かつ消極的なものであったが、これを、堀尾は倫理的にポジティブな方向へと反転させていこうと試みる。

　さて、その「反転」の道すじを追う前に、「地球時代」という時代区分を彼自身がどうとらえているか、それをより詳細にみてみよう。堀尾は、読者による誤解を回避するべく、「地球時代」とは似て非なる概念を、二つ掲げて、そ

れらと対比している。

　その第一は、「帝国主義」であり、第二は、「グローバリゼーション」である。「帝国主義」とは、第一次世界大戦における列強の衝突を極点とするような、植民地獲得を目指す、列強の世界分割の野望の表れである。それに対して、「グローバリゼーション」とは、戦後の世界秩序、特に冷戦終結後に、超大国が絶対的な主導権を喪失した後の世界情勢のことである。多国籍的な規模で活動する、巨大な資本、企業の世界制覇を念頭におく概念である。

　両者に共通するものは、その世界観における「非対称性」である。非対称性とは、帝国主義、あるいはグローバリゼーションにおける「搾取」によって作り出された、「支配／被支配」、「富裕／貧困」という、非対称な関係のことである。堀尾が「地球時代」というときの「地球」とは、そういった非対称性が否定されたうえで、対称的な世界として認識されるものであり、その対称性を担保するものとして、「普遍性」への志向が生じてくるのである。

　ただ、以上のような「地球時代」という概念もまた、彼自身の創見というわけではない。彼自身が著書の中で指摘しているように、「地球時代」という概念自体は、国際政治学者の坂本義和から借用されたものである。坂本は1927年生まれで、東京大学法学部で長く教鞭を執り、冷戦下の国際情勢についての研究業績を持つ（坂本 1990：298）。堀尾の戦後史観、あるいは世界認識に、坂本の所論は大きな影響を与えている。

　坂本は、1989年に刊行された講演録の中で、戦後史を、大きく３つに区分している（坂本 1990）。第一期は、第二次大戦が終結した直後の時期、すなわち、国連が創設された1946年から50年代末までである。続く第二期は1960年代であり、第三期は70年代以降であるとされている。

　第一期、国連に代表される国際社会の議論は、「平和」の問題に集中されていたとされる。それは、第二次大戦の「生々しい記憶」の存在と、冷戦下で、世界規模の戦争が勃発するのではないかという危機感のためである。

　第二期、第三世界の諸国が陸続と政治的独立を果たし、それら諸国が経済的な自立を目指して「開発」に専心し始める時期であった。

第三期、「人権」が基本的な価値として重要視され始める。それは、「国家の権利である主権がほぼ世界的に確立されて、つぎに人間の権利である人権に問題意識が向けられた」という状況があったためである。

　第三期に至って、それまでに目指された「平和」、「独立」、「開発」という三つの理念が、「人権」という理念のもとに、再検証されはじめたという。「平和はグローバルな課題だ、特に核時代においてそうである、また開発や環境もグローバルな課題である。そういう問題のもつグローバルな性格と裏腹をなして、人権はグローバルで普遍的な価値であるという認識がはっきり打ち出され」、「人権の普遍性が、規範的な原則としてだけでなく、生々しい現実そのものの地球的性格との関連で明確に意識化されてきた」というのである（坂本1990：252f.）。

　政治的な意味での「独立」や、経済成長を目指す「開発」が、必ずしも人間にとっての福祉を向上させるとは限らないという疑念が生じてきたとされる。旧植民地の政治的独立によって、国民国家が世界を覆い尽くしていく中で、その国民国家の内部での抑圧という新しい問題が生じ始める。そして、経済成長、際限のない開発は、自然環境の破壊を招き、「人間らしく」生きるための生活の質を低下させる。経済発展が目指したのは、結局は「国民経済の形成」にすぎず、その枠組みを超える問題を解決する機能をそもそも持っていなかった。

　このような認識は、戦後において目指されてきた「独立」や「開発」という理想が、究極のところ、「人間が人間らしく生きる権利」であるところの「人権」を実現するための必要条件にすぎなかったという考え方を生み出すのである。「一国安全保障は不可能になり、一国経済開発もできず、一国環境保全もありえない今日では、もはや国家によって人権を保障するのには限界があり、国家を超えて人権をどう確立していくかという問題に当面している」（坂本1990：260）。

　坂本によれば、「従来人権を考えるときには、国家の枠組みの中で、人間の権利というよりは国民の権利を、国家がどう保障するかという問題の立て方」

がなされてきた。しかしながら、現在においては、「国民の安全を確実に保障しえず、経済の発展も環境の保全も確実に保障しえない今日の国家は、主権国家とはいいがたい」（坂本 1990：262）。国家はすぐには消滅しない。しかし、従来の国民国家の内部でのみ「人権」を議論することは適切ではなくなっているというのである。

　このような坂本の認識は、堀尾が「国民の教育権」から「子どもの人権」へと大きく舵を切った理由を、間接的に説明してくれるのではないか。「国民であること」の前に、「人間であること」こそが、人権としての教育の根幹をなす条件であるという認識に、堀尾は坂本に触発されることで到達したのではないかと思われるのである。

　「人間」の本質の探究から、人権としての教育の在り方を模索していこうとする試みは、教育学がよって立つべき理論枠組みを、マクロレベルの「政策」に照準する政治学から、ミクロレベルの「子どもの発達」に照準する心理学へと移し換えていくことによって成し遂げられると、堀尾は考えていた。しかも、それにとどまらず、ミクロな発達に絡みついてくるマクロな要因としての「教育」との連関に、どのように焦点化していくかということを、次なる重要な課題として、彼は意識しつつあったのである。

　マクロレベルでの問題が国家によって解決されえないという認識は、教育を取り巻く環境に対する視野を一気に全世界規模へと拡大させることになった。「国家／国民」という単純な対立軸の中でのみ、教育の役割を捉えることに疑義を抱いた堀尾は、マクロとしての「国家」の枠組みを超越する視座を設定しようと試みたのである。

　「国家／国民」という二項対立の有効性への疑義に関連して、堀尾は、勝田守一、上原専禄らが、1950年代に展開した「国民教育論」を批判する。それは、「国民教育論」とは、堀尾によれば「権力に抗する側」が、「復権しつつある「国家」によってからめとられようとする「国家教育」にたいして新たな「国民教育」を創造する課題を提示」するものでしかありえなかったからである（堀尾 1994：262）。「「国民」という言葉は日本の独立という課題と結びつ

いて、その独立を担う主体としての国民、という意味合いで主張された」（堀尾 1994：263）。このように、「国際社会における従属的関係からの独立の問題」を議論するにあたっては、「国民」というのは、ある「理念的な意味」を持っていたと堀尾は考える（堀尾 1994：402）。しかしながら、国際社会における日本をめぐる環境が変化した以上、「独立」との絡みで語られてきた「国民」という概念は、その耐用期限を超過してしまっているのではないか、という疑念を堀尾は抱いたのである（堀尾 1994：402）。

　堀尾は、教育が、マクロ、ミクロ両面で役割を持つゆえに、国家／国民の双方を統一的に把握していくような視座こそが、教育学の視座として相応しいと考えていた。発達を、マクロの相、ミクロの相の両面に目配りしながら、時間軸を貫通させていくような仕方で統合的に論じてゆこうとする問題関心の芽ばえは、70年代末には、すでに彼自身によって示されている。それは「発達論というのは、たんに個人の発達だけではなく、歴史の発展と両方含んで発達の観念がある」という発想であり、個人発達史と人類史を共進していくようなものとして捉えるというアイデアである（堀尾 1982：102）。それは、「人間の発達の過程と人類の歴史の歩みは、本来統一的な過程」であるというような認識である（堀尾 1976：1）。彼は言う。「発達を個人の系でontogenetic（個体発生的）にとらえる方法も人類の系でphylogenetic（系統発生的）にとらえる見方も、いづれも一面化の誤りからまぬがれえない。そして具体的、実際的な発達はまさに両者が統合されたものであり、その統合を可能にするところに教育の役割がある」（堀尾 1976：3）。

　堀尾は、この着想を発展させるべく、「個人の発達と歴史の発展」と題されたセミナーの中で、「発達」、「発展」、「進歩」という観念が、「近代に成立した一つの歴史意識」、プログレ（進歩）という同根のものであると指摘している（堀尾 1981：200）。そして、堀尾のみるところ、このプログレ（進歩）的な思考としての「発展」的な思考とは、「弁証法的な思考」なのである（堀尾 1981：203）。弁証法的な思考とは、「現在は過去から連続していると同時に、過去とつながっていない、非連続であるというような見方」であり、「全体と

部分との関係においても、全体は部分の単なる集合ではない、それは部分の集合をこえた何かである、同時に、部分が変ることを通して全体の構造が変る、といった見方」である。堀尾にとっては、「近代における個の析出という契機を内に含みながら、その個の発達と人類の発展をどう統一するかということを非常に意識した人」と堀尾が評価するゲオルク・ヘーゲルに代表される、このような「弁証法的な思考」は、個人の精神の発達と、人類史における発展を媒介するものである。堀尾にとっては、「個人の発達と人類の歴史の発展」を「つなぐもの」こそが、教育にほかならなかったのである (堀尾 1981：218)。

「子どもが個別性を持つものとして生まれてくる。それが青年期を通して類として統合されておとなになる。そしてその類の完全な勝利がいわば個人の死でもって終る」という「発展の思想」は、個の問題と類の問題を統一的に思考するという特徴を持っている (堀尾 1981：207)。堀尾は、「発展」を、単なる「生成、発展、展開、消滅」というような、価値観を含まない概念ではなくて、「進歩、人類の幸福という視点」から捉えなおしたのがカール・マルクスであるとみて (堀尾 1981：209)、「進歩」を、「個」と「類」を繋ぐ概念として引き受け、発展させようと試みたのである。

4．ユートピア思想としての「人権」への執着

堀尾の普遍性、あるいは理念的なるものへの志向は、彼の「ユートピー思想への関心」から生じている (堀尾 1994：392)。彼は、次のように語る。「憲法や教育基本法に私がこだわっているのも、そこに含まれている理念、これはいまだ現実化していないけれども、それが生まれた背景には深い歴史的な根拠をもっていますし、それはこれから実現する可能性をもっている、というふうにみれば、憲法や教育基本法の理念もまたユートピーであると考えていいわけですね」(堀尾 1994：392)。

このような堀尾の言葉を踏まえれば、彼が単なる普遍主義者であるとはいいがたいことがわかる。というのも、彼が追求している理念が、実現不可能のも

のでありながら、それを実現させようとすることが、未来へ向けての一つの課題を指し示すような性格を持つものであることを、彼が自覚しているからである。彼のいう「理念」とは、既にそれが普遍的に現実化しているものではなく、それを実現する運動を促していくような何ものかなのである。

　それでは、このように戦略的に選び取られた理念としての「人権」と、「教育」が、いかに連結され、堀尾流の「人権としての教育」という概念が構築されたのかをみてゆこう。

　人権として教育を捉えるということは、そもそも、いかなることだろうか。人権とは、人間が人間らしく生きるために、人間が生まれながらにして持っている自己決定の能力である。ところで、教育は、人権のもっとも根幹的なものとされる。とするならば、教育は、人間が人間らしくあるための基礎的な諸条件を、自ら作り上げ達成していくための、もっとも根源的な資源であるとされる。ここで、私たちが気づかされるのは、人権としての教育は、つねに「人間が人間であること」という基本的な条件とならざるをえないということである。人間は、完成という名の固着、あるいは停滞を拒むような存在である。人間は、果てしなく自己差異化を行い、変転し、自己を創出してゆく存在であるとされ、そのプロセスは、一生涯にわたって続くものであると考えられる。そして、このような自己差異化と自己創出の過程と、それを可能にする能力を保持し、それをさらに発達させていくことの保障をこそ「教育」だとするならば、「教育とは何か」という問いへの答えは、「人間とは何か」という問いの中へと、発展的に解消されてゆかざるをえない。「教育を人権として獲得していること」と、「人間であること」は、ここでは同義となる。「人間とは人権を持つ存在である」。そして「人権を持つ存在は人間である」。これはトートロジー（同語反復）である。このトートロジーは、「人権」という理念に媒介されて、教育論においても再登場することになる。「人間とは、教育を受ける存在である」、あるいは「教育を受ける存在は、人間である」、というように。このように、「教育は人権である」という命題は、「人間とは何か」という問いへの回答なしには、ほとんど同語反復に等しい。堀尾は、この難問を、どのようにして

乗り越えようとしたのであろうか。ここでは、堀尾はこの難問を、近代的人間という理念がそもそも孕みもつ矛盾として捉え、それを自覚的に選択して引き受けなおすという戦略によって成し遂げようと試みたのではないか、と問うてみたい。

　堀尾は、アメリカ独立革命、フランス革命期のジャーナリスト、トマス＝ペインを引用しつつ、「人権」を、「人間が人間であるかぎりにおいて、だれにも譲り渡すことのできない権利」であると定義している（堀尾 2005：101）。そして、このような普遍的な「人権の理念」が、「人間」という枠から疎外されていた女性や、子どもを含むように大きく拡大していったのが、19世紀以降から20世紀に至る歴史であるとされ、それが、第二次世界大戦の終結を契機として、世界人権宣言（1948年）に代表されるように、国際的な承認を獲得していったというのが、堀尾の歴史認識である。

　堀尾は「子ども固有の権利」が存在すると述べる。人権思想は、18世紀西欧の偉大な発明でありながら、それをむやみに「子ども」へと適用することは許されない。堀尾によれば、「子どもも人権の主体であることを前提にしたうえで、子どもは大人とは違う存在である。その存在の固有性に対して、それを権利として認められねばならないという発想」（堀尾 2005：116）こそが、「子ども固有の権利」を議論するときの大前提であるからである。この子どもの固有性を主張した書物が、ジャン＝ジャック・ルソーの『エミール』であるという。

　まず、「人間は人権を持つ存在である」という発見、それに引き続いて「子どもは大人とは異なる存在である」という発見（子どもの発見）、さらにそれに「子どもは人間である」という20世紀の発見が続いていく。この三つの素材が出そろって初めて、「子どもの人権」論は語られうるのである。

　「子どもとは何か」。第一に、子どもとは人間である。第二に、子どもは子どもであり、大人とは違う存在である（子どもは人間であるが、大人ではない）。子どもを、社会史家フィリップ・アリエスがいうような「小さな大人」として捉えてはならない。第三に、子どもは「そこに留まっているのではなくて、成

長・発達し、やがて大人になる存在である」（堀尾 2005：119）。堀尾の掲げる第三点は、子どもと大人の相違点、子どもを大人から弁別する権利上の条件を示している。それは、「大人ではないが、大人になる存在」であり、「発達」という価値的な方向性をもった変化の途上にある存在だということである。

「子どもとはなにか」という問いに対する答えが、堀尾によれば、「子どもの権利とはなにか」という問いに対する回答を準備しているのである（堀尾 2005：119）。「人権とは何か」という問いが、「人間とは何か」という問いと、ほとんど同一のものであったのと同様に、「子どもの権利とは何か」という問いは、「子どもとは何か」という問いと、ほぼ同値なのである。言いかえれば、子どもとは、権利的存在なのである。

堀尾にとっての「子ども」とは、幾重にも重ね合わされた含意をもつ概念である。堀尾にとって、「子ども」とは、決して自明の存在ではない。それは、人類史の「進歩（プログレ）」の中で「発見」され、構築されてきたものなのだ。「子どもの発見」とは、「人間のライフサイクルのなかに〈子ども〉つまり子ども期と子ども性を発見することであり、それは次には「青年を発見する」ことにつながり、さらに「成人とはなにか」「老人とはなにか」を問う視点になってゆく」のである（堀尾 2005：119）。

このように、「子どもの発見」とは、「人間をライフサイクルに即して再発見」することだとされるのである。「「人間」とは「子ども」であり、「青年」であり、「成人」であり、「老人」であるという、そういう「人間」のとらえ直しを促すのが「子ども（期）の発見」の視点でもあった」（堀尾 2005：120）。ここで示されているのは、自分自身が過去、子どもであったことへの回想である。それによって、自分自身の中に、過去から現在に至るまで、成人性とは区別されるものとしての〈子ども性〉がはらみ込まれているということに気づくことができるようになるのである。「子ども」に対する問いは、それを発している「大人」のライフサイクルに対する問いを含んでいるとみなされている。

堀尾にとっては、「人権」とは、抽象的かつ画一的な権利ではない。それは、多層性をそなえたものである。より正確に言うならば、人間は、ライフサイク

ルのさまざまな局面において、その時点で抱える課題に対応するような「人権」を持つのである。「人権」そのものは普遍性を志向しながらも、それは具体的な相において表れるほかはないという認識が、ここで示されている。「子ども」性が、ライフサイクルのさまざまな局面において、反復的・回帰的に問いなおされるものであってみれば、「子どもの権利」をもつ主体とは、単に現実の幼少者としての子どもに限られるものではないということが、わかるであろう。

5．ミクロからマクロへの再跳躍

「地球」における「子どもの権利」論が展開されてきたことの前提には、いくつかの認識が存在していた。第一に、教育の枠組みとしての国民国家という枠が外れてしまう、あるいは国民国家が機能不全に陥っているという認識である。第二に、国家の存在を前提とし、それとの拮抗関係の中で教育を論じることが、有効性や説得力を失ってきているという認識である。第三に、教育そのものが、子どもの「子ども性」を侵犯しているという認識である。教育からの子どもの疎外、あるいは子どもからの教育の疎外の認識といってもよい。そこでは、子どもは、リスクを引き受ける客体、受苦の身体として認識されることになる。第四に、グローバル化に伴って、近代的な遠近感覚が失われつつあるという認識である。地理的に遠いか、近いかということが、子どもにとってのリアリティの強度を決定しているわけではない。子どもにとって、近いものがよりリアルに感じられるとは限らず、逆に、遠いものが必ずしもリアルに感じられないというわけでもない。

このように、いったん、旧来の秩序が崩壊したという意味での、グローバルな無秩序の状態に対する危機感を前提として、その危機感を、新たな普遍性を構築するための触媒としてとらえ返そうとすることこそが、堀尾の1990年代のテーマだったといえよう。その普遍性は、堀尾にとっては「地球時代」という時代認識、〈子ども〉という概念の中に表象されていると考えられたのである。

後者に関しては、堀尾は、子どもが、「古いもの」と「新しいもの」の両者に対する繊細な感性を持っていることを重要視している。子どもはそれ自体、旧来の秩序に属する存在でもなければ、新しい秩序を無条件に支持するような存在でもない、両義的な存在である。その意味で、「子ども」は常に、「大人」に対する反省的な視座そのものであるということもできるであろう。

　田中孝彦が指摘するように、堀尾の1990年代の営みは、「おとなの生活、学問・文化、教育、それらを含んだ社会のありようを問い直しながら生きていくための基本的な方法として、自分の内部に「子ども」を住まわせようとし続けてきた思想」を構築するための営みであったといえる（田中 2010：87）。堀尾の構想する人権の主体としての「子ども」とは、構造化された現実を相対化するための概念装置でもあった。いいかえれば、堀尾にとっての「子ども」とは、「批判原理としての子ども」であり、「方法としての子ども」でもあったのである。その「子ども」とは、「国家」から守られるべきものとして措定されたものではなく、「国家」に無条件に寄りかかることができない「地球時代」という認識の上に、「人間としての子ども」、「人権の主体としての子ども」というように、個々の、具体的な主体から組み上げられた理念であった。つまり、堀尾にとって「子どもの権利」あるいは「権利をもつ子ども」とは、「人間をライフサイクルに即して再発見」するのを促す理念にほかならなかったのである。

文献

今井康雄（2004）「見失われた公共性を求めて：戦後教育学における議論」『メディアの教育学：「教育」の再定義のために』東京大学出版会

上原専禄（1958）『歴史意識に立つ教育』国土社

児美川孝一郎（2010）「戦後教育学とポストモダンのあいだ」『人間と教育』65

坂本義和（1990）『地球時代の国際政治』岩波書店

佐貫浩（2010）「堀尾輝久の「国民の教育権論」をどう継承するか：戦後教育学批判を巡って」『人間と教育』65

汐見稔幸（1999）「ニヒリズムからの脱却の試みと堀尾教育人間学：学的意識の形成期に焦点をあわせて」皇紀夫・矢野智司編『日本の教育人間学』玉川大学出版会

田中孝彦（2010）「堀尾教育学と子ども研究」『人間と教育』65

田中孝彦・田中昌弥・杉浦正幸・堀尾輝久編（2022a）『戦後教育学の再検討（上）：歴史・発達・人権』東京大学出版会

田中孝彦・田中昌弥・杉浦正幸・堀尾輝久編（2022b）『戦後教育学の再検討（下）：教養・平和・未来』東京大学出版会

中野光（2003）「1990年代の堀尾輝久と「地球時代の教育」」『教育学論集』45

日高六郎（1970）『日高六郎教育論集』一ツ橋書房

堀尾輝久（1976）「「教育と発達」研究ノート」『東京大学教育史・教育哲学研究室紀要』3

堀尾輝久（1981）「個人の発達と歴史の発展」村上陽一郎編『時間と進化』東京大学出版会

堀尾輝久（1982）「発達論と分業論の接点：大学院ゼミ「発達・文化・教育」の展望」『東京大学教育史・教育哲学研究室紀要』8

堀尾輝久（1987）『天皇制国家と教育：近代日本教育思想史研究』青木書店

堀尾輝久（1991）『人間形成と教育：発達教育学への道』岩波書店

堀尾輝久（1989）『教育入門』岩波書店

堀尾輝久（1994）『日本の教育』東京大学出版会

堀尾輝久（2005）『地球時代の教養と学力：学ぶとは、わかるとは』かもがわ出版

堀尾輝久（2006）「私の仕事：戦後教育学の総括とかかわって」『東京大学大学院教育学研究科教育学研究室紀要』32

堀尾輝久（2011）『未来をつくる君たちへ：“地球時代”をどう生きるか』清流出版

世取山洋介（2010）「堀尾教育権論の“継承と発展”：共同のための自由と子どもの主体性」『人間と教育』65

第8章

〈遊離〉する子ども

―矢野智司―

1. 教育思想の〈境界〉人

　本章では、教育哲学者・矢野智司のライフワークの一つである遊び体験論に焦点を当て、そこにおける「自己」の位置づけを検討することにより、矢野の遊び論の特質とその限界を明らかにしてゆきたい。

　現在の子ども論において、遊びについての思想的視座としては、ヨハン・ホイジンガによる遊びの文化論的検討、ロジェ・カイヨワによる遊び体験の類型論などを従来からの主軸とし、近年においてはミハイ・チクセントミハイの提起した「フロー体験」という概念を援用して、子どもの「遊び込み」を規範化する視座も提起されている。これらの人間学的視座とは独立して、ジャン・ピアジェやレフ・ヴィゴツキーなどの発達心理学に依拠しながら、遊びの発達に及ぼす効果に着目して遊びの機能ないし意義を示そうとする心理学的視座も存在する。本章で検討する矢野の遊び論は、上述の人間学的視座、心理学的視座とは異質なものである。矢野の遊び論は、遊びの機能や効果に関する定義をすることを自制しているという点、子どもにとっての遊び体験の特質に着目するという点において、既存の遊び論とは隔絶した立論となっている。

　矢野は、教育哲学会、教育思想史学会の会長を歴任するなど、教育哲学研究、教育思想史研究においては常に中核的な存在でありつづけ、今日に至るまで活発な思索を発表しつづけている。矢野には、教育現象、あるいは教育関係の生成の過程を問う原理的な思考を紡ぎ出してきた教育思想家という印象がもたれているであろう。しかしながら、矢野が教育を検討する際にしばしば取り上げる思想家、例えばマルセル・モース、ジョルジュ・バタイユ、グレゴ

リー・ベイトソンらは、少なくとも自らの思想を〈教育思想〉として提示する意図は持たなかったであろうし、一方で、教育学言説においても、かれらは古典的教育思想として位置づけられてこなかった。矢野の思索は、人間学の多くのテクストを縦横に読み解き、摂取しながら、狭義の教育思想の枠を越境して、教育現象、特に教育体験の現象に対するオルタナティブな記述を目指して展開されてきたといえる。2000年代以降の矢野の関心は、特に、モース、バタイユの贈与論に触発されながら、純粋贈与者としての教師像を立ち上げることにより、従来の教師−子ども関係の刷新を試みることに置かれてきた。

とはいえ、矢野の本来的な関心は、キャリアの初期から一貫しているとみることもできる。その関心とは、従前、「発達」や「成長」といわれてきた子どもの変容を、（大人による意味づけ・価値づけを括弧にくくったうえで）子ども自身の体験の質に即して描出しようというものである。上述した純粋贈与者としての教師論も、子どもにとっての体験の質を記述しようという彼の試みの延長だとみることもできる。矢野が注目する子どもにとっての変容体験は、本章で見ていくように「溶解体験」という術語によって表現される。そして、「溶解体験」の範型として矢野がしばしば挙げるのが、子どもの「遊び」である。このことを踏まえれば、矢野の教育思想のライトモチーフ、特にその教育を「体験」という特質に即して記述しようという主題が端的に表現されているのが、彼の「遊び」に関する言述ではないかと考えられるのである。

矢野の思想については、彼が発足以来会員でありつづけてきた教育思想史学会の会員を中心として、断片的な言及がある。しかしながら、矢野の教育思想を経時的に読み解こうという試みは、（彼が現在においても活発な思索を展開し続けていることもあり）ごく限られたものにとどまっている。

例えば、今井康雄は、1990年代の矢野の仕事を「コミュニケーションがいかに新しい意味を生み出すのか」という問いの追求であったとし、「コミュニケーションのはらむパラドックスが三段論法的な論理のトートロジーを突き崩し、新しい次元への飛躍を可能にするという、意味生成の論理を解明」することに挑んでいたとする（今井 2004：104ff.）。今井によれば、矢野は「それほ

ど積極的に教育について論じているわけではない」のだが、「意味生成」の体
験に着眼する「人間形成論」を構築することで、「モダニティ」としての教育
に先取されてきた〈教育〉の概念をラディカルに再構成しようという試みと
なっているという。

　富田純喜は、矢野の遊び論が「蕩尽」としての側面に着目していることを指
摘し、「発達の論理」に矢野が対立させる「生成の論理」は「遊び」をモデル
にしているという。しかし、「生成の論理」を矢野が提示したことと、今井が
指摘したような矢野のライトモチーフである体験の「コミュニケーション」的
側面の関連を論じることには成功していない（富田 2020）。

　本章においては、上掲のような先行研究を踏まえつつ、矢野における遊び論
の二つの側面、つまりコミュニケーション論的側面と、溶解体験論的側面の両
者を共に検討しつつ、両者の間にある理論的な剪断を明らかにし、問題圏とし
ての矢野の教育思想の到達点を確かめたい。

　本論に先立って、以下で矢野のプロフィールを瞥見しておく。矢野は1954
年、兵庫県神戸市に生まれ、1981年に京都大学大学院教育学研究科博士課程を
中退、大阪大学人間科学部助手、香川大学教育学部助教授を経て、1992年京都
大学教育学部助教授、1998年同大学院教育学研究科助教授（臨床教育学講座）、
2002年より同教授を務めた。2022年現在、佛教大学教育学部教授、京都大学
名誉教授である。2007年、「贈与と交換の教育人間学：漱石と賢治における贈
与＝死のレッスン」によって京都大学より博士（教育学）の学位を授与されて
いる。

2．〈遊び／労働〉という二項対立の溶解

　1990年代から一貫する矢野のモチーフは、現在の学校教育を支える「発達
の論理」を批判することである（矢野 2006：112）。彼によれば、「発達の論
理」は、「労働」をモデルとしている。つまり、未来の目的のために現在を従
属させることを規範化するロジックが「発達」であったというのである（矢

野 2006：112）。その範型としての「労働」のプロセスとは、「自己の側からみれば、それまで自分の外部にあり、自己にたいしてよそよそしいものを、自己が努力によって自己のうちへととりこみ、その結果、自己が以前の自己より高次の自己となるプロセス」である（矢野 2000：28）。同様に、発達とは「労働によって世界を同化し、人間自身を人間化するプロセスと論理」（矢野 2000：29）である（これは、矢野が批判する「拡大体験」（作田啓一）と同一のレトリックである。後述）。

　さて、労働の世界では、人間自身も「事物の秩序」に組み込まれてしまう（矢野 2000：31）。つまり、人間存在、あるいは関係性までもが物象化され、それが構造化される。「事物の秩序の一部となることによって、人間は、世界へと溶け込んでいく在り方としての「内奥性」の次元を喪失する」（矢野 2000：31）。ここで矢野がいう「世界」というのは、「事物の秩序」の外部にある混沌とした豊饒である。

　矢野が取り出そうとする体験の質とは、このような既存の秩序を相対化し、あるいは侵食してしまうような、外部への侵犯性をはらむものである。「発達」が秩序の維持と拡大を規範化しているとすれば、そこからの逸脱は「悪」だということになろう。そして、この秩序の壊乱・無効化を端的に志向するのが「遊び」であると矢野はいう。「有用性の原理で動いているこの功利主義の世界」の論理を液状化させるという点で、バタイユは遊びを根本的に「悪」だといっていると矢野は指摘する（矢野 2014：219）。「遊び」は、有用性の論理からの絶え間ない逃避を志向するものであり、本質的に浪費的な性格を有している。「遊びは、労働（子どもの場合は勉強）に振り向ければ有用な生産を実現するはずのエネルギーと時間を、惜しげもなく、有用性とは正反対の無駄なことに蕩尽する」（矢野 2014：219）。エネルギーと時間の無目的・無制限な「蕩尽」としての遊びは、自由と歓喜をもたらしつつ、主体としての自己をも変容させていくという。それは「遊び自体のうちに自己が溶解する」というような、自己と外部世界との間の境界の無化を帰結させる（矢野 2003：41）。

　このような「溶解体験」としての遊びは、「日常の生活と対極の体験」であ

る。というのも、自己と環境との距離の取り方、かかわり方が大きく相違するからである。日常生活における活動においては、有用な目的を目指し、自己は環境から距離を取って、手段的に働きかける。しかし、「遊びは遊ぶこと以外にいかなる目的ももってはおらず、無償のエネルギーの発現であるがゆえに、この有用性・功利性を求める構えを破壊してしまう。そこで実現されるのは、世界に溶解する体験であり、日常の生活では実現されることのない世界との十全な交流の体験である」（矢野 2006：86）。

　矢野は、バタイユを引きつつ、有用性に基づく「事物の秩序」を維持するための規範による禁止を侵犯することによって至る恍惚、法悦や脱自・自己喪失経験としての「内的体験」に注目する。「内的体験は、わたしの意識が溶けてしまうために、体験されたことを「わたしの体験」として、わたしの意識に回収することができない」。さらに、「意識自体が喪失してしまうために言語化が困難となる」（矢野 2000：35）。この意味の地平、意識の領域からの離床という点において、矢野のいう「溶解体験」と、バタイユのいう「内的体験」の共通性は明らかであろう。

　「遊び」が有する「蕩尽」としての体験の質を、矢野はあるいは「非－知の体験」ともいう（矢野 2003：40）。バタイユに倣って矢野が「溶解体験」を「非－知の体験」ともいうのは、その体験の最中においては、体験を言語による語りによって意味づけることが不能化されるからである。すなわち、「主体が溶解してしまうため、客体との距離がなくなり、明晰で一義的な言葉によって筋道ある物語として「体験」を言い表すことができない。驚嘆したときには言葉を失ってしまうし、深い感動は、「おお！」とか「ああ！」といった言葉以前の声でしか言い表すことができない」（矢野 2003：41）。脱－意味的な体験であるがゆえに「溶解体験」のもたらす「感動」は、言語による表象は不可能である。自己の溶解、対象との距離の消失によって、「物語」として体験を表象することができない。というのも、意味の地平からの離床が起こっているからである。

　ただ、矢野は、バタイユの内的体験は「分離や解体のタナトス的な側面に力

点があるのに対して、溶解体験は結合や統合といったエロス的側面に重点」が
あるとは述べている（矢野 2000：54f.）。ただ、事態としては、両者は「原理
的には同じ」（矢野 2000：55）であるとし、共通性が特に重視されている。

　矢野においては、境界線の彼岸には「連続性」の領域がある。そこにおい
ては、世界との「深い連続性の次元」を恢復することができる（矢野 2000：
55）。境界の彼岸の体験を「至高性」の体験とも矢野はいう（矢野 2000：55）。
至高性の体験の一つが「蕩尽」である。矢野によれば、遊びは「蕩尽のひと
つ」にほかならない。「遊びに深く没頭するとき、遊んでいるという意識は
抜け落ち、自己と世界との境界は溶け、溶解体験を生みだす」（矢野 2000：
107）。

　このような破壊や蕩尽という遊びの性質は、カイヨワが「偶然の遊び＝ア
レア」（ルーレットや宝くじなど）に見出していたものと共通しているだろう
（矢野 2014：149）。これら「偶然の遊び」は、「子どもに何も新しい能力を発
達させたりしない」ため、近代学校においては肯定されてこなかったと矢野は
いう（矢野 2014：149f.）。

　「溶解体験」とは、日常性の地平の無化をも意味するから、それは解放とし
てコンヴィヴィアルなものでもありうるし、破局でもありうる両義的なもので
ある。つまり、「日常生活における「経験」以上にアクチュアルで比類なく輝
くものとして体験」される場合と、「日常の支えを失う深淵・無として体験」
される場合がある。矢野は、おそらくジクムント・フロイトを念頭におきなが
ら、前者をエロス的体験、後者をタナトス的体験と呼んでいる（矢野 2003：
40）。「溶解体験」自体が、自己の無化を意味するものである以上、エロス的体
験か、タナトス的体験かというどちらかを、意図的に選択することは不可能で
あろう。

　溶解体験の対立項は、やはり「労働」である。両者が対立するのは、目的
性・有用性の有無と、時間認識の相違においてである。矢野は述べる。「溶解
体験では、労働のように、有用な関心によって目的－手段関係によって切り
取られる部分とかかわるのではなく、私たちは世界そのものへと全身的にか

かわり、世界に住みこむようなことになり、世界との連続性を味わう」（矢野 2014：259）。ここでの世界はもはや外部であることをやめ、自己と連続する充溢した場となっている。「遊ぶことによって、生命にふれることができる」（矢野 2006：86）と述べる彼にとって、自己と一体化した世界とは、生命の充溢する場であるということになろう。

　矢野によれば、自己と世界との合一、世界との連続性の体験としての「溶解体験」は、「遊び」として顕現する。「遊びの体験の特質は、この世界への全面的な没入にある」、別の言い方をすれば「自己と世界との境界線が溶解してしまう」（矢野 2006：86）。「溶解体験」とは、もともとは作田啓一による「自己と世界との境界が溶解する体験」を意味する術語であった（矢野 2000：53）。

　ただ注意しておくべきことは、「溶解体験」は、わたし、自己の存在を前提とした「拡大体験」とは相違するということである（矢野 2000：54）。拡大体験においては、体験の最中においても自己は持続的に維持され、自己の境界が外部に向けて伸長してゆくのである。作田のいう「拡大体験」を、矢野は「経験」（矢野 2003：37）ともいう。矢野は「経験」について、次のように述べる。「主体が客体の他者や事物に働きかけ、その働きかけた結果が、「経験」の主体へと立ち返ってくる。その帰結によって働きかけた主体は、なんらかの変容を遂げるのである。「経験」は蓄積され、次の「経験」を形成していく。この意味で「経験」とは学習のことでもある。そして、労働はこのような「経験」の構造をもっとも具体的に示している」。つまり、「経験」というのは「それまで自分には疎遠だったものが自分のなかに取りこまれ、その結果、自分を作りかえるようになった事態」をさすのである（矢野 2006：114）。「拡大体験」としての「経験」においては、どこまでも主体としての自己は持続していくし、自己の拡大は外界への取り込みを意味するから、それは結局、世界が自己にとって他なる存在であることを否定する（＝自己の内に取り込む）ことにつながっていくだろう。これは、世界を世界そのものとして、自己を世界へと溶かし込み混然一体となる「溶解体験」とは、自己と世界との相互の意味づけにおいて、大きく相違している。

以上みてきたような矢野の溶解体験論は、フリードリヒ・フレーベルの人間学と、いくつかの共通点を有している。フレーベルの思想は、いうまでもなくバタイユのようにタナトス的ではないが、矢野は、フレーベルの根本思想は、「すべてのものの中には一つの永遠法則が安らぎ、作用し、支配している」というテーゼによって代表されているとし、「人間の使命」を、この宇宙的法則、すなわち神性の認識と実現にあるとしたとする。この神的法則が、統一から分離、分離から再統一へと向かうという〈生の合一〉のモチーフは、フレーベルのテクストには反復的に登場してくるとし、その核心を「人間の個人の内部において、人間と人類との関係において、人間と神・自然との関係において、さまざまな分離を克服し、合一体験をとおして大いなる全体性を回復すること」であると述べている（矢野 1995：82）。そして、〈生の合一〉は、「自我の溶解体験の一つ」であるとしている（矢野 1995：85）。そして、この〈生の合一〉の実現をもたらす契機が、子どもであるという（矢野 1995：91）。彼は言う。「子どもという原初的な統一的生に触れることによって、大人の分割された生は統一され、家族や人類と結びつき、自然や神との合一が実現されるというのである」（矢野 1995：94）。

３．遊びのコミュニケーション論的解明

　矢野の遊び論は、1990年代の初期の段階から、コミュニケーション論として展開されてきたという特色をもつ。矢野は、遊びが可能となるためには、「遊びとしてのメッセージ」（メッセージ）とは区別して、子どものあいだに「これは遊びだ」という「遊びについてのメッセージ」（メタ・メッセージ）を交換するメタ・コミュニケーションの能力が不可欠であるとする（矢野 2006：20）。遊びに没頭しつつ、「これは遊びだ」という意識も有し続けるという両義性。遊びは、私たちにアイロニカルな没入を求めてくる。しかし、私たちは、遊びに没入していること自体を自覚はしていない。遊んでいるということが自覚化されるということは、遊びを終了させてしまうという。「私たちは、遊ん

でいるときに、「これは遊びだ」と意識してはいないのだ。もし「これは遊びなんだ」ということが意識されるやいなや、遊びの楽しさは一瞬のうちに失われてしまう」（矢野 2006：20）。遊びへの没入を停止させてしまうのは、遊んでいることへの自己言及なのである。「遊びの魔法を解く一番の方法は、「これは遊びだ」ということを明言してしまうことである」（矢野 2006：20）。しかしながら、遊んでいる最中には、それが遊びであるという意識も常に維持される。砂場でままごと遊びをしている子どもは、泥団子を本物の団子と間違って食べてしまうことは決してないであろう。遊んでいるということを意識化することなく、遊んでいるという意識を維持し続けること。これが、ジャック・アンリオの指摘する、遊びにおける「二重の意識」というアポリアである。

　遊びに没入しつつ、「これは遊びだ」という意識を維持し続けること、これは一見して明白なパラドックスであるようにみえる。このパラドックスを、矢野は、両者のコミュニケーションの地平（矢野は「階型」という）の相違を捉え損ねていることから生じているとみて、その解明に取り組む。その際に矢野が援用するのが、文化人類学者ベイトソンのコミュニケーション論である。矢野は、「論理階型論」を、ベイトソンのコミュニケーション論の基本原理だとみる。矢野によれば、「論理階型論とは、メンバーとクラス、現地と地図、物とその名前、メタ・メッセージ（メッセージについてのメッセージ）等などを抽象の差異として区別することによって、パラドックスを回避しようとする教え」（矢野 1998：82）という実践的な理論である。論理階型（logical types）は、「抽象」の程度の差異によって区別されるものだが、この区別を前提として維持しつつ、異なる論理階型の間を「ワープ」することは、「パラドックスを生みだすこれまでの世界観（解釈図式）を放棄し、新たな適応システム（解釈図式）を作りだすときには、自己の生まれかわりとしての回心や覚醒にみられるように、創造性の促進という生成をもたらす」（矢野 1998：84）という。つまり、論理階型の間の跳躍は、新しい意味作用を突如として出来させる生成性を有するというのである。論理階型の差異を飛躍してしまうようなコミュニケーションを、矢野はベイトソンに倣って「生成のコミュニケーション」と名

づける。「生成のコミュニケーション」においては、論理階型を跳躍することにより、文字通りのパラドックスが生じるが、それは決してコミュニケーションそのものを不能化してしまうのではなく、新しいコミュニケーションの回路を開くことにつながりうるという（矢野 1998：80）。

　　パラドキシカルなコミュニケーションは、ダブル・バインドにみられるように、悪循
　　環を生みだし人間を病理へと追い込む。しかし、このコミュニケーションは、禅の問
　　答法のように覚醒を促し、また遊びやメタファーやユーモアにみられるように、習慣
　　化した精神の枠組みを流動化させる意味生成のコミュニケーションの基本形でもあ
　　る。

　「パラドックスからの飛躍」によって、「自分自身の経験を解釈する認識の枠組みは、その解釈の仕方をよぎなくされ、石のようになってしまっていた世界との関係に、生き生きとした連続性が回復される。言いかえれば、決定不能状態からの跳躍によって、新たな自己システムが生成する」。体験に対する解釈枠組みの変容は、自己の組み換えをも意味するというのである。
　ただ、これは同時に「大変な危機」でもある。自分自身の認識枠組みが根底から揺るがされ、世界との関係性が寸断され、世界の意味づけが消失してしまうというカタストロフをもたらしかねないからだ（矢野 1999：217）。
　ただ、矢野はこの「飛躍」のポジティブな側面を見ていこうとする。その際に矢野が注目するのが、この「飛躍」が遊びにおいて生起することがあるという事態である。既にみたように、矢野においては、遊びの文脈の中のコミュニケーションの領域（文脈）と、遊びの文脈についてのコミュニケーションの領域（メタ文脈）の領域は次元を異にしている。そして、遊びにおいては、この二つのコミュニケーションの次元は容易に循環しうる（矢野 2006：24）。この両義性を循環的に維持しうる遊びの地平を、矢野は「日常より高次の意味の場所」であるとし、「自律」した非日常の場所とも言っている（矢野 2006：24）。日常性を離床した「高次の意味」が生成し続ける場所（トポス）においては、

「真か偽か」というコードによって規制される日常的なコミュニケーションの
パターンは無効化されるのである。日常的なコミュニケーションの枠組みから
の跳躍こそが、遊びの体験の本質にあると矢野はみる。「遊びの楽しさは、コ
ミュニケーション論からとらえるとき、「本当であって本当ではない」という
嘘と本当とが循環するパラドックスを乗り越える快楽」（矢野 2006：33）だか
らである。ただ、その跳躍というのは、非日常性の地平への一方向的な飛躍、
彼岸への脱出なのではない。日常性のコンテクストも、潜在的にではあれ維持
される。この両義性の意味の場が開けるとき、遊びは新たな意味生成の場とし
て増殖し進展し始める。「遊びに夢中になることは、複数のコンテクストを股
にかけ、同時に複数の役割を可能にする、社会的自己を超えた意味生成の時間
を生きること」（矢野 2006：50）である。「遊びは、これまでの世界の区切り
方（解釈図式）を部分的に改変し、新たな意味の世界を創造していく」（矢野
1998：84）といわれるように、遊びの地平においては、意味作用が消滅してし
まうのではなく、新規の意味作用が活性化し始める。遊びにおいては、この自
己増殖性、あるいは自己生成性が常に作用している。遊びは、「たえまなく意
味が躍動し増殖する運動の場所」なのであり、チクセントミハイのいう「フ
ロー感覚（全人的に行為に没入しているときに人が感じる包括的感覚）」が生
起するという（矢野 2006：47）。

　例えば、子どもの遊びにおいては、規則が改変されていく様を見ることがで
きるという。「具体的なゲームでは、ゲームの過程において、規則が生起し、
規則自体が変化していく。このことは、ゲーム自体のなかに、意味の増殖機
構が組み込まれていることを意味している」（矢野 2006：42）。矢野によれば、
遊びは、ルートヴィヒ・ヴィトゲンシュタインのいう「ゲーム」の特質を如実
に示している。「ゲームをすることとゲームが創られることとを、同じ過程」
として見るとき、遊びが「過程自身を自己目的とする」ことを知ることができ
る（矢野 2006：43）。つまり、「ゲーム」としての遊びは、自らの組織過程を
内在化したシステムなのであり、そこにおいては既存の規則はいったん無効化
される。それゆえに、遊びにおいては、事前に規則を共有していなかった他者

同士の出会いが容易に実現しうるのである。「遊びは、規則を共有している共同体の内部にいるもの同士のゲームではなく、異なった共同体間の境界で、見知らぬふたりの人間が出会い、そこに出現するコミュニケーションの発展のようにみなされる」（矢野 2006：43f.）。

　矢野は、「遊びを生み出す力」を「純粋な関心」だという（矢野 2006：29）。「純粋な関心」とは、「世界に対する全体的な関心であり、道具的関心のように部分に限定されることはないから、コンテクストを一義的に決定し固定することがなく、複数のコンテクストの自由な横断を可能にする」ものであり、この関心において「世界は複雑で多義的な生命の流れとなる」（矢野 2006：29）。ただ、矢野は「純粋な関心」だけで遊びが生成されると考えているわけではなく、「論理階型の識別能力というベクトル」と純粋関心の「合力」が遊びの維持をもたらしているという。遊びを駆動する力もまた、両義的なものだとされるのである。

4．〈溶解〉からの帰り道

　本章でみてきたように、矢野の遊び論は、溶解体験的検討と、コミュニケーション論的検討という二つの軸から構成されている。ここで問われるべきは、自他境界の無効化という溶解体験論的側面と、階型の跳躍というコミュニケーション論的側面という両者は、同一の遊び体験の別の側面に焦点化しているのか（もしそうなら、両者はどのように関連しているのか）、それとも質の異なる別の遊び体験についての言及なのかという点であろう。あえていえば、2000年以降の矢野においては、前者の溶解体験論的側面が前景化しているように思われるが、ある段階においてコミュニケーション論的側面が完全に放棄されたとはいいがたいようである。

　矢野によれば、遊びによる既存の意味の揺り動かしは、世界の「体験」の仕方を変更してしまう。「遊びによる論理階型のワープ現象は、これまで堅固と思われた自己と世界との境界を溶解させ、世界との一体化として体験される」

（矢野 2006：47）ことになる。遊びが、日常的現実以上に「強い」アクチュアリティを感じさせるゆえんである。遊びにおいては「それまでのプレーンな「現実」だったものが、垂直の次元をえることによって、むくむくと立体化していく。それは奥行きをもったものとして、立ち現れる」（矢野 2006：47）。遊びという場において、奥行きある世界に包まれたとき「自己が溶解」し、「自律的なコミュニケーションの領域」が自己組織化されていくという（矢野 2006：47）。

　ここで矢野がいっているのは、日常的な論理階型上において「自己と世界との境界」が意味づけられており、その「境界」が論理階型のワープによって無効化され、「境界」の外部にあった世界との出会いなおしがもたらされるということである。「境界」が溶解するということは、既存の意味づけの地平が消失するということである。しかし、「境界」が溶解することによる世界との出会いなおしは、永続する体験ではない。彼岸への跳躍と、此岸への再跳躍、再びの彼岸への跳躍は、反復的、往還的に繰り返される。それこそが遊びの両義性を生むのである。もし、彼岸への跳躍のみが溶解体験であるとしたならば、パラドックスはそこで解消されてしまうはずであり（彼岸／此岸を間断なく往還する、あるいは両者の間の両義的な場に留まることこそがパラドックスなのであるから、それは当然である）、両義性のもたらすパラドックスを生きるという遊びの本質が失われることになろう。

　そもそも、パラドックスは、異なる論理階型を体験する〈主体〉の存在を前提としているだろう。何らかの〈主体〉を想定しなければ、そもそもパラドックスをパラドックスであると感じることができないからである。その〈主体〉とは、矢野においていわれている「自己」と同一のものであろうか。仮に同一であるとしたならば、〈主体〉としての「自己」が溶解した瞬間、パラドックスそのものが消滅してしまうことになる。パラドックスの生起を遊びの本質とみる矢野のコミュニケーション論的分析からすれば、「自己」の溶解によって〈主体〉が無効化されることは、遊びそのものが失われることを意味する。もしそうなら、溶解体験は、濃密かつ豊饒な体験ではあるかもしれないが、それ

は遊びとは異質な世界体験だということにならざるをえない。ただ、矢野が溶解体験についての表象の代表例だとみている村野四郎の詩「鉄棒」による回転運動について考えれば明らかなように、溶解体験の〈主体〉は、「ああ！」とか「おお！」としか表現しようのない意味作用の無効化を経験したあと、再び、もともと居た日常的・生活的な地平に還帰してくる。矢野に求められているのは、いったん溶解した「自己」が、更新された新たな〈主体〉へと還帰し再統合を経るまでの、いわば「帰路」についての言及であろう。

　おそらく、矢野にとっての「自己」とは、多層的な構造を有しているのであろう。矢野は、「溶解」するのは、自己のうちの特定の層であり、「溶解」を体験として支えている別の層が存在しているというようなレトリックを前提としているのかもしれない。矢野の溶解体験論を読んでいて気づかれるのは、その体験がつねに「意識」的なものだということである。溶解体験とは、むしろ、「意識」における感覚の強度を極限化するような体験だとすらいえるかもしれない。もしそうならば、矢野は、「意識」的な層の自己が溶解するということを、体験として持続的に支えているのは、意識下における持続流としての潜在的・基層的自己だと考えているのかもしれない。

　さらにいえば、矢野にとっての「世界」もまた、必ずしも一元的なものではない。例えば、矢野は次のように言う。「心の内の世界と外の世界とは、緊密につながっていて、「私」の心の世界が深まると、「私たち」の生きている外の世界も、それと連動して深さを示すようになります。あるいは反対に、外の世界の深さが経験されると、心の深さもその深度を増します」（矢野 2016：61f.）。つまり、矢野は、内的世界と外的世界は、連続してはいるものの、別の世界として併存しているとみているのである。ということは、両者の接面、あるいは境界は、少なくとも日常的には維持されていて、それが非日常的な体験（溶解体験）によって弱化したり無化したりするものの、それは内的世界の外的世界への不可逆の拡散を意味しているのではなく、それは体験として、内的世界に何らかの影響を及ぼす（矢野の言葉では「深度」を増す）ことによって、内的世界の生成的な維持を支えるということであろう。内的世界と外的世

界の交流ないしは交感として「溶解体験」を位置づけるのであれば、それを経た内的世界の深化というのが、自己の「拡大」とどのように相違するのか。これらの問いを引き受けながら、さらなる〈コスモロジー〉の深みへと、私たちは矢野と共に歩みを進めてゆきたい。

文献

アンリオ（1986）『遊び：遊ぶ主体の現象学へ』（新装版）、佐藤信夫訳、白水社

今井康雄（2004）『メディアの教育学：「教育」の再定義のために』東京大学出版会

下司晶（2016）『教育思想のポストモダン：戦後教育学を超えて』勁草書房

作田啓一（2001）『生成の社会学をめざして：価値観と性格』有斐閣

チクセントミハイ（1996）『フロー体験：喜びの現象学』今村浩明訳、世界思想社

富田純喜（2020）「矢野智司の生成論において幼児教育がもつ意味：「蕩尽としての遊び」と「子どもの時間」に着目して」『近代教育フォーラム』29

西平直（2019）『ライフサイクルの哲学』東京大学出版会

バタイユ（1998）『内的体験：無神学大全』出口裕弘訳、平凡社

バタイユ（1999）『非－知：閉じざる思考』（新訂増補）、西谷修訳、平凡社

フレーベル（1964）『人間の教育』（上）、荒井武訳、岩波書店

ベイトソン（1990）『精神の生態学』佐藤良明訳、思索社

矢野智司（1995）『子どもという思想』玉川大学出版部

矢野智司（1996）「子どもの聖なる空間・聖なる時間：子どもは家庭においてどのようなコスモロジーを描くのか」藤本浩之輔編『子どものコスモロジー：教育人類学と子ども文化』人文書院

矢野智司（1998）「生成のコミュニケーション（G. ベイトソン）」作田啓一・木田元・亀山佳明・矢野智司編『人間学命題集』新曜社

矢野智司（1999）「世界の区切り方を変える：グレゴリー・ベイトソンにもとづく教育人間学の試み」原聡介・宮寺晃夫・森田尚人・今井康雄編『近代教育思想を読みなおす』新曜社

矢野智司（2000）『自己変容という物語：生成・贈与・教育』金子書房

矢野智司（2003）「「経験」と「体験」の教育人間学的考察：純粋贈与としてのボラン

ティア活動」市村尚久・早川操・松浦良充・広石英記編『経験の意味世界をひらく：教育にとって経験とは何か』東信堂

矢野智司（2006）『意味が躍動する生とは何か：遊ぶ子どもの人間学』世織書房

矢野智司（2007）「死者への負い目と贈与としての教育：教育の起源論からみた戦後教育学の課題と限界点」『近代教育フォーラム』16

矢野智司（2009）「限界への教育学に向けて：不可能性と可能性とを横断する銀河鉄道」矢野智司・今井康雄・秋田喜代美・佐藤学・広田照幸編『変貌する教育学』世織書房

矢野智司（2014）『幼児理解の現象学：メディアが開く子どもの生命世界』（幼児教育知の探究13）、萌文書林

矢野智司（2016）「子どもの冒険」『教育と医学』64、（7）

〈子ども〉という謎に耐える

—あとがきにかえて—

　本書は、一昨年、昨年に相次いで刊行された前著二冊に引き続いて刊行されるものであり、それらと併せて、現代日本の保育思想をめぐる三部作(トリロジー)が構成されることとなった。著者は、2021年に『「伝えあい保育」の人間学：戦後日本における集団主義保育理論の形成と展開』において集団主義保育思想を、2022年に『平成期日本の「子ども中心主義」保育学：1989年幼稚園教育要領という座標系』において子ども中心主義保育思想を取り上げ（いずれもふくろう出版より刊行）、戦後日本における保育思想の二大潮流を素描した。なお、本書は、2022年度科研費の助成を受けて刊行されるものである。

　ポストモダン思想としての〈子ども〉に焦点化する本書は、前二著に比して、相当程度、趣を異にしているかに思われるかもしれない。しかしながら、本書が、前二著に引き続いて刊行されることには、著者なりの理由づけがある。それは、集団主義保育思想にせよ、子ども中心主義保育思想にせよ、それらが前提あるいは基礎としている子ども観が、きわめて規範的なものであるということを、問いなおす必要があると思われたことである。集団的・協同的主体としての子ども、探究的・自発的活動主体としての子ども、いずれにしても、「そうあるべき」子ども像と、現在に生きる流動的かつ力動的な、いわば現実態としての子ども像が混淆的に論じられているのではないか。そう著者は感じてきた。つまり、それらの子ども像は、理念であると同時に現実態でもあるという、両義的、背反的な性格を負わされる。そして、現実態としての子どもは、往々にして、規範的な、理念としての子どもという起点から評価され、価値づけられる。そのことの適否を問いなおす契機そのものは、集団主義保育思想の中にも、子ども中心主義保育思想の中にも存在していないのではないか。もしそうなのであれば、あえて、反−規範的、反−倫理的な子ども像を提示することによって、子ども観の再構成のための機縁としたい。そう考えたわ

けである。本書は、前二著における思想を硬直化させ、あるいは教条化させないための、触媒あるいは溶剤の性格をもつだろう。著者はあえて、本書を含めた三冊を、いわば三位一体のものとして世に問いたいと願ったのである。

　本書のモチーフは、著者の脳裡に、決して短くはない期間、伏在しつづけてきたものである。前二著が、それぞれ科研費研究助成を受けたプロジェクトの成果報告として発表されたものであることからもわかるように、構想から刊行まで三年ほどしか要していないのに比して、本書の構想は、著者が大学院を去って短期大学の教員として就職した直後の2012年に刊行された論文「野生児神話と〈近代教育〉の物語」（日本社会臨床学会編『社会臨床雑誌』19、（3））として萌芽していたから、足かけ12年にわたって抱かれつづけてきたものである。当該の拙稿は、近代教育学における子ども観のアンビバレンスに着目したものだが、なぜそのような論考を書かねばならなかったかと自問すれば、著者にとって〈子ども〉をめぐる言説が、あまりに謎めいていたからである。

　本書を構成する文章の初出を、以下に掲げておく。

　序　章　　書き下ろし
　第１章　「本田和子による〈子ども〉のコスモロジー」『日本教育学会大會研究発表要項』81、2022年
　第２章　「村瀬学による子どもの世界論における「理解のおくれ」」『関西教育学会年報』46、2022年
　第３章　「浜田寿美男による人間学としての関係論的発達論」『社会臨床雑誌』29、（2）、2022年
　第４章　「津守真の「子ども学」構想における子ども理解法の射程：子どもとの共同的な生活を介した理解の到達点と課題」『関西教育学会研究紀要』18、2018年
　第５章　「鎌田東二の〈翁童論〉におけるコスモロジー」日本乳幼児教育学会第32回大会研究発表、2022年12月３日
　第６章　「懐疑・祝祭・祈り：谷川俊太郎における〈子ども〉という元型」

『香川短期大学紀要』45、2017年

第7章　「「地球時代」における「子どもの権利」論：1990年代以降の堀尾輝久による試み」『社会臨床雑誌』23、（1）、2015年

第8章　「矢野智司の遊び論における自己・世界の両義性」日本保育文化学会第7回大会研究発表、2022年3月13日

　本書を構成する文章は、2015年から、8年間にわたって断続的に発表されたものである。それらは、上に示した通り、媒体も目的も異にするものであり、当然ながらコンテクストを違えている。それらを本書へと集成するにあたって、著者は全体にわたってリアレンジメントを施したが、それにもかかわらず、本書の文体は幾分なりとも混淆的なものとなっていると思われる。

　本書の最終稿を脱稿したのち、ここで取り上げた8名のうち半数が、〈京都〉に何らかの繋がりを有していることに気づいた。そのことに意味があるのかどうか、著者にはわからない。ただ、本書の契機となっている〈野生児〉に関する論文に結びつく問題意識が、2007年に〈京都〉に移られた西平直先生との対話によって生み出されてきたものであったことを思い出すのみである。東京を去る西平先生は50歳、つまり天命を知る齢であった。本書を編む最中、先生が、京都大学を既に定年退職されたことを知った。

　読者には既に瞭然たるように、本書はもちろん、〈子ども〉をめぐる言説空間の鳥瞰図を示そうとしたものではないから、読者は、ディスクールとしての〈子ども〉は乱麻然たる印象を与えると感じられたかもしれない。ただ、著者にとって、子どもが一篇の謎であることは、ひとつの倫理である。

　謎が謎であることに耐えることは、倫理なのである。謎が謎であることに驚愕するとき、人の眼と耳はひらかれるであろう。本書が祖述してきた8名における〈子ども〉は、そのような謎であるように、著者には思われてならない。

　本書における8名は、〈子ども〉を宇宙的存在として捉えた。〈子ども〉は、〈宇宙〉を体感し、体現していると感じられたからにちがいない。〈宇宙〉を感覚することは、〈子ども〉にとっては易しすぎ、〈大人〉にとっては難しすぎ

る。著者も同様に、〈子ども〉という宇宙の、茫漠とした巨大な謎の前に、佇みつづけるほかはないであろう。

御陵の濠の畔にて
2023年4月1日
吉田直哉

著者略歴

1985年静岡県藤枝市生まれ。2008年東京大学教育学部卒業。同大学院教育学研究科博士課程等を経て、2022年より大阪公立大学准教授（大学院現代システム科学研究科・現代システム科学域教育福祉学類）。博士（教育学）。保育士。専攻は教育人間学、保育学。

主　著

『保育原理の新基準』（再訂版）

　（編著、三恵社、2018年）

『子育てとケアの原理』

　（共著、北樹出版、2018年）

『子どもの未来を育む保育・教育の実践知：保育者・教師を目指すあなたに』

　（共著、北大路書房、2018年）

『バーンスティン・ウィニコットの教育環境学：人間形成論における「境界」体験の構図』

　（単著、ふくろう出版、2020年）

『「伝えあい保育」の人間学：戦後日本における集団主義保育理論の形成と展開』

　（単著、ふくろう出版、2021年）

『保育カリキュラム論講義：児童中心主義的視座からの試論』

　（単著、ふくろう出版、2021年）

『平成期日本の「子ども中心主義」保育学：1989年幼稚園教育要領という座標系』

　（単著、ふくろう出版、2022年）

〈子ども〉というコスモロジー
ポストモダン日本における問題圏

2023 年 4 月 4 日　初版発行

著　　者　　吉田　直哉

発　　行　　ふくろう出版
　　　　　　〒700-0035　岡山市北区高柳西町 1-23
　　　　　　　　　　　友野印刷ビル
　　　　　　TEL：086-255-2181
　　　　　　FAX：086-255-6324
　　　　　　http://www.296.jp
　　　　　　e-mail：info@296.jp
　　　　　　振替　01310-8-95147

印刷・製本　　友野印刷株式会社
ISBN978-4-86186-873-3 C3037
©YOSHIDA Naoya 2023

定価はカバーに表示してあります。乱丁・落丁はお取り替えいたします。